ロベタな人ほどうまくいく

たった1日で会話が弾む!

話し方のコツ大全

青木源太 フリーアナウンサー

宝島社

「話すこと」を仕事にするプレッシャー

みなさんがこの本をお買い上げいただいたのは書店でしょうか。それともオンラインショップでしょうか。いずれにしても、この本を手に取ったということは、**普段から口ベタであることを悩んでいる人、口ベタではなくても、「もっと話がうまくなりたい」「会議やプレゼンなどで緊張せずに話したい」と考えている人**だと思います。

最近では「コミュ力」という言葉もよく聞きますし、コミュ力を高めたいと思っている人も多いでしょう。

本書では、そのような人向けに87個の「話し方のコツ」を紹介しています。口ベタな人もそうでない人も、これらを普段から実践あるいは意識して、自分の話し方に取り入れてみてください。

このように言うと偉そうに聞こえたかもしれません。しかし、かくいう僕自身もコミュ力が高いほうではありません。**学生時代は特別話が上手だったわけではなく、まして場を回したり盛り上げたりするタイプではありませんでした。**

この業界に入ったのも、もとは番組制作に関わりたいという思いが強かったからで、それが叶《かな》うならディレクターでもよかったわけです。「話す」ことでお金をもらおうというつもりはまったくなかったので、アナウンサーとして日本テレビに入り、はじめて話し方のプロ集団のなかに立ったときは正直かなり戸惑いました。

日本テレビ入社当時は周囲に「暗い」と言われてばかりいました。前髪が重く、髭《ひげ》が濃かったせいか、表情に乏しかったためか、それとも話し方がハキハキしていなかったからか、またはすべてが原因かもしれません。ともあれ、新人として先輩の指導を受けるなかで、自分の言葉一つひとつに厳しいチェックが入ることもあり、そのうちに僕はだんだんと話すことが怖くなってしまいました。

「話す」というのは、言ってみれば「誰にでもできること」です。それを仕事としてやっていくためには、ただ単に「おしゃべり」をするのではなく、**情報を短く、正確に、わか**

りやすく「伝え」なければならないわけです。僕はそのことにそれほど意識的でなかった

ためには、話すことの難しさを感じて立ち止まってしまったのです。

「整理して伝える」ことへの憧れ

もともとアナウンサーになるつもりはなかったと書きましたが、そんな僕でも話がうまい人に憧れがなかったわけではありません。みなさんにも「話が上手だな」「この人のように話せるようになりたいな」という人はいると思いますが、僕もアナウンサーに同じような気持ちを抱いていました。「立て板に水」といった感じで喋《しゃべ》るよりも、情報を簡潔に伝えたり、その場をうまく回したりする技術。それがある人はかっこいいと思っていました。

なかでも「情報を整理して伝える」ことへの憧れ。これが強かった分、入社後に強いプレッシャーを感じました。「こんなはずではなかった」という感覚に近いですが、**話が上手になるためには意識すべきことがたくさんある**ということに気づかされたのです。

たとえば「聞き上手」であるというのも、コミュニケーションにおいてはとても重要で

す。しかし、これに気づくまでにはかなり時間がかかりました。それまで僕は、人を話すときは「とにかくおもしろいことを言わなきゃ」「うまいことを言わなきゃ」という「話す」側の問題にばかり気がとられていたのです。

「自分が話し続けること」が話し上手ではない

話すこと自体怖くなってしまった僕が、なんとかそれを克服することができたのは、あるとき「自分が話し続ける必要はない」と気づいたからです。

先ほど「聞き上手」であることもコミュニケーションにおいては重要だと書きましたが、まったくその通りで、**相手に気持ちよく話してもらえれば、何もこちらがおもしろい話をする必要はありません。**相手が話し、こちらは話を聞く。それでもコミュニケーションが成立していると言えるからです。そのことに気づいたのは入社から2、3年後、みのもんたさんの『おもいッきりイイ!!テレビ』(日本テレビ系列)のランチ中継のリポーターをやっていたときです。

中継中、トラブルが発生してしまい、段取り通りにいかなくなってしまいました。そこで、自分が間《ま》をつなごうとしたもののうまくいきませんでした。具体的には、調理済みの食材が出てくる予定だったのに、本番ではまだ火が通っていなかったのです。それを調理する間をつなごうと思って話し出したものの、僕自身に話術がなかったため、間延びした感じを視聴者に与えてしまいました。スタジオ側も何が起こったのかがわからないので、「どうしたんだろう」という空気になっていました。

後で会社に戻って先輩の羽鳥《はとり》慎一さんに状況を説明したところ、「生中継先での失敗やトラブルはその場でスタジオに言ってしまいなさい」と言われました。現場でトラブルが起こっていることがわかれば、スタジオで対処できるのに、それすらわからないから何もできない。「自分だったらまずスタジオの共演者に伝える」。そう言われてハッとしました。

羽鳥さんくらいベテランの人でも自分だけで間をもたせようとはしない。「自分だけでどうにかしよう」という僕の考えが間違っていたのです。それ以来、中継でトラブルがあったときは、とりつくろおうとしないで正直にそのことを伝えるようにしました。すると、そのようなときはスタジオの人がその間をつないでくれて、視聴者も観ていてストレスが少なくなります。

みなさんのなかにも、「自分がつながなくちゃ。話を回さなきゃ」と思っている人は多いと思います。しかし、大前提として、「**コミュニケーションはひとりで成立するものではない**」ということを忘れないようにしてください。

話し方というのは、話の聞き方、ちょっとした言葉や心がけで変わるものだと思います。

本書で紹介するコツは、必ずしもすぐに身につくものばかりではありませんが、いずれも実践してみると効果が実感できるでしょう。

そうして**自分の話し方に自信をもてるようになったら、話すことがどんどん楽しくなってくる**はずです。

そうなれば僕としても、とても嬉《うれ》しく思います。

2021年7月

青木源太

contents

PART 1

口ベタな人でも伝わる会話の磨き方

PART 2

会話がどんどん弾む 話の聞き方

PART 3

1対1で距離を縮める言葉の伝え方

PART 4

大人数で会話が弾む盛り上げ方

PART 5

相手が驚くほど納得するプレゼン術

PART 6

どの相手にも緊張しない会話の準備

装丁：小口翔平＋奈良岡菜摘（tobufune）
編集協力：金丸信丈／安彦航平／関根孝美（株式会社ループスプロダクション）
本文デザイン・DTP：竹崎真弓（株式会社ループスプロダクション）
本文イラスト：jesadaphorn

PART 1

口ベタな人でも伝わる
会話の磨き方

話し方

#01 流暢に話すにはとにかく場数を踏む

喋りのプロも最初は素人だった

僕はアナウンサーになってから15年が経ちますが、それ以前に本格的にアナウンススクールに通っていたわけではありません。アナウンサーの仲間たちを見ても、専門のスクールを経てアナウンサーになったという人はごくわずかで、**大半はアナウンサーになるまで普通の学生生活を送っていた人、つまり「素人」でした**。

それでもアナウンサーの誰もが「喋りのプロ」と言われるほど上手に話せるようになるのは、さまざまなかたちの「話す仕事」を渡され、たくさん**「場数を踏む」**からです。

逆に言えば、場数を踏んでいないアナウンサーはまだ「喋りのプロ」とは呼べません。

同様に落語家さんやお笑い芸人さんなど、アナウンサーと同じく喋ることでお金をもらっている人たちの優れた話術も、限られた人にしかできない特別なものではありません。誰でも場数を踏み、コツさえ掴《つか》めば、流暢《りゅうちょう》に話せるようになるのです。

日常生活においても場数は踏める

それではどうやって場数を踏めばよいのでしょうか？　いちばんよいのは、無理にでも知らない人の前で話したり、講堂のような広い場所で多くの人の前でスピーチをしたりすることです。そういった「緊張感のある喋りの場」で話す経験を繰り返すことで、誰でもうまくなっていきます。

「緊張感のある喋りの場」といっても、何も特別な場面でなくて構いません。たとえば学生なら部活動のミーティングでもよいですし、社会人なら会議での発言でもよいでしょう。最初はとにかく緊張してしまうかもしれません。しかし、実際のところ、話を聞く側というのは、聞いたとしてもすぐに内容のほとんどを忘れてしまうものです。

エビングハウスの忘却曲線というものがありますが、人間は学んだ情報の約40％を20分で、約75％を1日で忘れてしまうと言われています。あなた自身、一昨日の朝礼で上司が何を話したか、覚えていないのではないでしょうか。ですから、**あまり深く考えずにまず**

は思い切って発言してみるということが重要なのです。

それでも……と思うときは、ファッションに置き換えてみてください。本人が「この服を着て行ったらどう思われるだろう」と思っても、実際は周囲の人はそれほど見ていませんし、ましてや昨日の服装まで覚えている人はほとんどいません。つまり、自分が思っているほど周りの人は気にしていないのです。

言葉選びのスキルが磨かれる

このように考えて、まずは人前で話す経験をどんどん積んでいくのが、話し方が上達する最短の方法です。**緊張感のある喋りの場では「言葉選びのスキル」が磨かれていきます**。

緊張感のある場では「正しく適切に伝えよう」「失敗したくない」という気持ちで話すことになるので、**「頭のなかから最適な言葉をチョイスして引き出す」作業**が必要になります。

場数を踏むほど、そのスピードは速く、正確性も増していきます。

この一連の作業こそが「流暢に話す」ことの正体です。状況に応じて言葉を選ぶことを繰り返すことで、流暢に話せるようになるのです。

episode
01

話す機会が減ると「鈍って」しまう

僕の日本テレビ時代の同期のひとりである桝《ます》太一くん。彼は2011年4月から2021年3月まで、『ZIP!』(日本テレビ系列、以下同)の総合司会を務めていました。平日朝の帯番組を10年間にわたって担当していたわけです。

現在は週に1日、日曜日に『真相報道バンキシャ!』の総合司会を務め、ほかに『I LOVE みんなのどうぶつ園』の進行を担当しています。ほかにも出演する番組はあるものの、『ZIP!』を担当していたときより出演頻度が減ったので、番組出演の間が多少でも空くと「鈍ったな」と感じるそうです。

そうは言っても、番組を観ている視聴者が鈍っていることを感じることはないでしょうが、自身では何かわずかな誤差のようなものを体感しているのだと思います。まるでトップアスリートのような印象を受けますが、頭のなかから適切な言葉を選び出す力というのは、日々実践の場を繰り返すことで、磨かれていくものなのでしょう。

話し方

#02 「追い読み」で話し上手な人を真似する

「追い読み」で話し方のリズムを掴む

「あの人は話すのが上手だな」「あの人みたいに喋れるようになりたい！」と感じることがあるでしょう。そういうとき、**その人の話し方を真似《まね》る、または一部を取り入れてみるというのは話し方の上達にとても有効**です。

「足が速くなりたい」と思ったとき、陸上選手の走り方を真似てみると、実際に速く走れたりします。これと同じように、話し方も上手な人の真似をすることで実際に上手になっていくのです。

とは言え、話し方を聞くだけで真似するのはとても難しい。そこでぜひやってみてほしいのが、**「追い読み」**です。これは、人の話を耳で聞きながら、聞いた話を自らが口に出して繰り返すというもの。**何度もやっていくうちに、自然とその人のリズムの取り方や話を展開するテンポなどがわかってきます。**すると、自分の話し方もどんどんその人に似てくるのです。

追い読みはニュースがおすすめ

追い読みは、目の前にいる人で行うわけにはいかないので、たとえばニュース番組などで実践するとよいでしょう。といっても、番組をまるごと1本追い読みする必要はありません。1分間だけ試しにやってみるだけでも、アナウンサーの話し方というものがわかってくるはずです。もちろん、**その人と話し方がまったく同じになることはありませんが、それが結局は「自分らしい話し方」になるのです。**

新人アナウンサーも必ず先輩のＶＴＲを観ながら追い読みをしますが、こうして先輩の話し方が後輩に〝移る〟ことで、結果としてそれが「そのテレビ局のアナウンサーらしさ」になるのでしょう。そのためか、僕はスポーツ実況においては、ほかのアナウンサーの話し振りを少し聞いただけで、「これはあのテレビ局のアナウンサーだな」とわかります。

また、おもしろいことに追い読みではその人の人間性、つまりキャラクターまでが移ることがあります。もう少し堂々と話したいと思えば、堂々とした人物の話を追い読みしたり、明るく話したいと思えば、明るい人物の話を追い読みするのもひとつの手です。

episode
02

話し方は自然とほかの人にも移る

話し方というのは不思議なもので、真似しようと思わなくても自然とほかの人に移ってしまうものです。たとえば、ますだおかだの岡田圭右《けいすけ》さんと仕事をしていた時期、アナウンス部でみんなと話をしていて、「岡田さんの喋り方が移ってるね」と言われたことがあります。無意識のうちに、岡田さんの話し方が移っていたようです。

僕は、「岡田さんらしさ」を『ゴゴスマ～GOGO！Smile！～』（TBS系列）の石井亮《りょう》次《じ》アナに感じます。石井アナが自虐的なネタで笑いを取るときも、岡田さんのような話の持っていき方になっているのです。同じ番組に岡田さんも出演しているので当然と言えば当然ですが、それほど岡田さんの影響力が強いということかもしれません。

話し方

#03 好きなところをストックし具体的に褒める

相手の「いいと思うところ」を探す

自分の話を相手により伝えるためには、まず相手に好意をもってもらう必要があります。心理学の「好意の返報性」に示されるように、人は好意を向けられると、その相手に対してよい印象を抱きます。

そのために大事なのが「相手を褒める」ことです。と言っても、単に「すごい!」「かっこいい!」と持ち上げておけばよいわけではありません。ポイントは、**相手の具体的によいと思うところを探すこと**です。たとえば、その人が身に着けているものや行った場所など、相手に関係することであれば何でも構いません。「今日の服いいですね」「素敵なお店を知っていますね」と、まずは身近な部分でよいところを探して褒めてみましょう。

自分：先月の会議でされていたプレゼンが印象に残っていて。A案に○○を導入する方法、なるほど！　と思いました。

同僚：わあ、だいぶ前の話なのに、覚えていてくださったんですね！　そうなんです。A案はあのままでは難しいなと思っていて――

相手を褒めるとき、自分が思ってもいない事柄を口にしても相手には伝わりません。**「好意の返報性」によって、人は「自分に嘘偽りのない好意を向けてくれる相手」に対して好意を抱きます**。ですから、上辺だけの言葉を使うと「本心ではない」と思われ、むしろ逆効果なわけです。あくまで「事実」を伝えなければ意味がありません。

どうすごいのかメモしておく

僕も普段から実践していますが、そのとき感じたことや人から聞いたエピソードなどをメモしておくと、相手の好きなところを見つけやすくなります。たとえば、違う部署の誰かが仕事で活躍した話を聞いたとします。そのとき、**どういう内容だったのか、それに対**

して自分はどう思ったのかをメモに残しておくのです。次回その人と会ったときに、メモしていたことを話せば、相手も「私のやったことを覚えていてくれたんだ！」と喜んでくれることでしょう。

episode
03

印象に残ったナレーションをメモしておく

僕は『ザ・ノンフィクション』（フジテレビ系列）という番組が好きでよく観ています。この番組では女優さんやタレントの方がナレーターを担当されていますが、よいナレーションをされるなあと思ったら、その回の感想をメモしておくようにしています。後日、その方にお会いしたときに「〇〇の回のナレーション、とてもよかったです！」と伝えると、とても喜んでもらえるのです。放送から1年後にやっとお会いできたということも多いのですが、「そんなに前の話を覚えてくれているんだ」と喜んでもらえます。

話し方

#04 いったい誰に向かって話しているのか意識する

聞き手がいつも同じとは限らない

いざ話すときには、自分が何を話すか、どう話すかということを考えることも重要ですが、それ以上に**誰に話すかということが大事**になってきます。なぜなら、話す相手によって興味やものの感じ方、もっているバックグラウンド（背景）がまったく異なるからです。

たとえば、若者の間で流行している商品やサービスについて、その世代ではない人に話してもほとんど関心をもってもらえないでしょう。逆に、今となってはほとんど死語に近い言葉を使っても、若い人たちには理解してもらえません。

話が上手な人は、**自分が今、誰に向かって話しているのかを常に意識し、話す内容や言葉の選び方、話すスピードなどによく配慮**しています。聞き手としても、自分に合わせた話の内容や話し方にしてもらえれば、内容がすんなり頭に入ってくるだけでなく、聞いていて気持ちがよいものです。

episode 04

聞き手を想定するのには限界もある

スポーツの実況では、それを放送するのが地上波か、それともBSやCSかによってコメントの内容を変えるようにしています。BSやCSなどの有料チャンネルを観ているのは、目の肥えたファンたちです。それを意識して専門的な話もどんどんしていかなければなりません。しかし、地上波の場合には、スポーツにそれほど詳しくない人も観ていますから、そのような人たちにも興味をもってもらえるような実況を心がけています。ただし、テレビの前のさまざま人たちの興味関心を考慮しすぎると、提供する話が中途半端になってしまいます。そこで制作サイドと話し合い、ある程度ターゲットを絞って言葉を選ぶようにしています。

話し方

#05 具体的かつシンプルな表現で聞き手の誤解を防ぐ

解釈が分かれる言葉は使わない

自分の言いたいことが相手により伝わりやすくするためには、できるだけ具体的でシンプルな表現を心がけるべきです。と言っても、子どもにでもわかるような言葉でというわけではありません。重要なのは、**人によって解釈が分かれる言葉を使わない**ということです。

たとえば、何か作業を頼みたいときに「なるべく早く」という表現を使うと、どれほど急いでいるのかが伝わりづらく、頼まれるほうも困ってしまいます。「なるべく」という曖昧な表現を避け、代わりにいつまでにやってほしいのかということを日付や時間などで具体的に示すようにしましょう。

自分：昨日の資料、すごくよかったよ。ただ、これだとここがわかりづらいから、直してもらえないかな。急で悪いけど、今日の15時までにお願い！

部下：わかりました。急ぎですね。それまでに修正しておきます。

また、日本人がよく使いがちな「すみません」という言葉は、本当に謝っているときにはよいのですが、感謝を表したいときに使うと、感謝の意がうまく伝わらないかもしれません。感謝したいときはシンプルに、「ありがとうございます」と言うべきでしょう。

ただし、必ず一言で伝えなければいけないわけではありません。**補足的に言葉をつけ足すこともときには必要になる**でしょう。自分はAと言ったつもりでも、相手はBと受け取ってしまうことがあります。それが前もって予想されるときは、Aであることを強調するための言葉を重ねておいてください。小さな誤解や受け取り方の違いが大きなすれ違いへと発展する恐れもあります。そうならないためにも、最初に誤解のないように伝えておくことがとても大事です。

話し方

#06 内容に合った表情をつくり話の意図を誤解させない

表情ひとつで誤解が生まれる

自分が悲しんでいたり、怒っていたりするとき、それを笑顔で伝えるとどうなるでしょうか。思っていることが相手に伝わらないばかりか、「本当は悲しくないいんじゃないか」「本当は怒っていないんじゃないか」と、聞き手に正反対の受け取り方をされてしまう可能性があります。つまり、**話すときには表情にも気をつける必要がある**のです。

ニュース番組で一般の人がインタビューを受ける場面で、悲しいニュースにもかかわらず、笑顔で答えている人を観ることがあります。ただし、その人は決しておもしろいから笑っているのではありません。インタビュアーなど取材陣に対して友好的であるということを無意識に示しているだけなのです。その結果として笑顔で話すことになっているのですが、それを観る視聴者のなかには「悲しい事件なのに笑っていて不謹慎だ」と感じてしまう人もいるわけです。

話の内容と表情を一致させる

みなさんも心当たりがあるでしょうが、言い間違えた際に笑ってしまう人がいます。もちろん、何か間違えたときに恥ずかしい気持ちを隠そうと照れ笑いをするというのは、心理的によくあることです。その人も「やばい」「申し訳ない」という気持ちでいっぱいでしょう。だからこそ、言い直すときに顔が笑ってしまうのです。

一方で、僕自身は言い直すときは真面目な表情をつくるようにしています。間違いを素直に訂正しようとしているときに笑顔だと、誠実さが視聴者に伝わらず、誤解を生んでしまう可能性があるからです。

アナウンサーの場合や謝罪の場面に限らず、日々のコミュニケーションにおいて、話しているときの気持ちと表情とが一致せず、相反する表情をしてしまうことがあります。しかし、話を聞く側を誤解させないためには、**自分が嫌だと思っているときには実際に表情でも怒って見せたり、悲しんで見せたりする必要がある**のです。

話し方

#07 数字を効果的に使って物事を印象的に表現する

数字の印象は切り取り方次第

話のなかに「数字」が登場するものに関しては、**数字を効果的に使って物事を印象的に表現する**というテクニックがあります。というのも、数字を使った話は話す人の切り取り方次第で聞き手の印象も全然違ってくるからです。たとえば、「直近5年間では1・5倍に増えている」「10年間では2倍になっている」というような状況があるとして、どちらを用いて説明するのが印象的か、ということです。

プロ野球でたとえるなら、セ・パ通じての史上初ではなくても、どちらかのリーグに限れば史上初ということはよくあります。そういうとき、「70年以上の歴史を誇るセ・リーグではじめての快挙」というふうに表現すると、聞き手に強烈なインパクトを与えます。

このように、**同じ事象でも、どこにフォーカスを合わせるかで印象が変わります**。

自分：わが社の業績は（直近5年で見ると横ばいだが）、設立時の1990年から見ると一貫して上昇傾向にあります。これは業界全体では極めてレアなケースです。

顧客：本当だ。売上がほとんど落ちず、創業以来、成長し続けていますね。

また、西暦と元号を切り替えるというのもひとつのテクニックです。たとえば「2000年代ではじめて」「令和ではじめて」と、その場面ごとに異なった言い方がされるのは、それによって聞き手に与える印象が変わってくるためです。〝キリのよさ〟が情報にインパクトをもたらすのです。

逆に、マンションのチラシなどを見ると、「〇〇で唯一」というふうに書いてあっても、その下に小さく「半径〇メートルに限る」と注釈が書いてあったりすることがあります。

このような場合には、**読み手側が数字の受け取り方に慎重になる必要がある**でしょう。

話し方

#08 結論を先にすると相手が一生懸命聞いてくれる

日本語は「結論が後」になりがち

欧米と日本の論文を比較すると、欧米では文章の節ごとに結論となる部分を先にもってくることが多いのに対し、日本では最後にもってくることが多い傾向にあります。この違いはさまざまな理由によりますが、たとえば日本語では、「私は○○がよいと思います。なぜなら、○○だからです」と言うよりも、「○○なので、○○がよいと思います」と言うほうが自然に感じられるでしょう。

ですが、特にビジネスの場では、多くの場合、「結論を先にする話し方」がよいでしょう。自分がそのテーマについてどのような意見をもっているか、賛成か反対かを明確にする必要があるからです。そのためには、まず結論を先に言った後で、その理由や背景、経験などを補足すべきでしょう。

また、結論を先に言うことで、聞く側の「聞き方」が変わってきます。たとえば、自分の話に賛成だと言ってくれる人の話は好意的に一生懸命聞きますし、反対だという場合は反論するために聞き逃すまいと、こちらも一生懸命聞いてくれます。つまり、より正しく伝わるのです。

自分：私はA案に賛成です。

同僚：（おっ、私と同じ意見だ！　なぜだろう？）

自分：A案のほうがコストの点から言っても、導入のしやすさから言っても、メリットが多いと考えられ――

同僚：（なるほど。そこを評価しているのか）

話し方

#09 文章の末尾を使い分けて聞き手の印象を変える

真剣に伝えたい場合は断定口調

文章の最後をどう締めくくるかによって、聞き手の印象も違ってくるものです。たとえば、「○○です」と言う代わりに「○○だと思います」と言われたらどうでしょう。情報として頼りない印象を受けるのではないでしょうか。

これは詐欺師のテクニックですが、いかにも怪しい情報を「○○らしいですよ」と言うと、言われた側は「嘘くさいな」と思ってしまいます。ですが、それを「○○です」と言い切ると、「そこまで言うなら本当に違いない」と思うかもしれません。逆に、相手に質問された場合に、「○○とも言われています」と言えば逃げることもできるでしょう。

もちろん、人を騙《だま》そうとして使うべきではありませんが、日常会話においては、真剣に自分の意見を伝えたい場合に「○○だと思います」と言う代わりに、**「○○です」と断定口調で言うと、より意図や気持ちが相手に伝わりやすくなります。**

自分：部長。次のプロジェクトですが、よろしければ私に任せてください。絶対にやり遂げます。

部長：おっ、頼もしいな。このプロジェクトは君にはまだ荷が重いと思っていたけど、そこまで言うのだったら任せるよ。

日本人の習慣として、断定を避けて「○○だと思います」と言うことが美徳とされがちです。しかし、それでは聞き手もまどろっこしく感じることでしょう。

もちろん、**考えていることをすべて断定口調で言えばよいというわけではありません。**それでは相手に不快な思いをさせたりすることもあります。ですが、「絶対にこうだ」「絶対にこう言いたい」というような事柄には「○○だと思います」を使わないようにしたほうがよいでしょう。

話し方

#10 登場人物が多い話ではニックネームを駆使する

その人の特徴からニックネームをつける

身の回りの出来事などを話す場合には、登場人物が多くなってしまうこともあるでしょう。それらの登場人物が聞き手の知っている人であれば問題ありませんが、知らない人ばかりだと、聞いているうちに相関関係がわからなくなってしまい、話の内容も頭に入ってこなくなってしまいます。

このような場合は、**登場人物の一人ひとりにニックネームをつける方法**が有効です。たとえば、それがメガネをかけた男性なら「メガネの男」、長い髪の女性なら「長髪の女」というように、それぞれの特徴にちなんだニックネームで呼ぶのです。また、ある有名人に似ているというのなら、その人の名前で呼ぶというのもよいでしょう。このようにニックネームで呼ぶと、**それぞれの人物を特徴ごとに把握できるので、関係性も整理され、話の内容も理解しやすくなります。**

ビジネスシーンで自分が人の名前をなかなか覚えられないときは、その人の名刺に「○○みたいな人」「○○に似ている人」とそれぞれの特徴を書き込んでみるのもおすすめです。

episode 05

印象に残っているニックネーム

僕は『激録・警察密着24時!!』（テレビ東京系列）が好きなのですが、警察は犯人を認識しやすいようにあだ名をつけていますよね。印象的なあだ名という点では、1984年に起こった「グリコ・森永事件」。食品会社を標的とする脅迫事件ですが、その主犯格とされる「キツネ目の男」は、似顔絵の怖さもあいまって今でも多くの人の記憶に残っています。この事件にはほかにも「ビデオの男」などが登場しましたが、これらはいかにニックネームが聞き手に強い印象を与えるかを物語っています。

話し方

#11 「あ」や「え」は準備運動として割り切る

つい言ってしまいがちな「あ」「え」

口下手な人に限らず、よく使ってしまいがちなのが、「あ」や「え」といった感動詞です。「あ、はい」や「え、この件に関しては……」のように、それらが必要ない場面でも使われることがよくあります。なかにはあまりよくないと自覚しつつも、なかなか直らないという人もいるでしょう。

たとえば、「あ」という言葉は「気づき」を表していますが、打ち解けた会話ではそれほど使いません。「うん」「確かに……」とそのまま答えるのが普通だからです。そのため、あまり頻繁に使ってしまうと、相手に「この人は緊張しているな」「身構えているな」というような否定的なニュアンスを与えてしまうのではないかと思う人もいるでしょう。

気にして話しづらい状況こそ避けるべき

確かに、**「あ」や「え」を多用することで、聞き手に何らかのニュアンスを与えてしまう可能性はゼロではありません**。そのため、面接やスピーチなどではできるだけ使わないほうがベターです。ただ、それ以外の場面では、気にする必要はないでしょう。

たとえば、スポーツの実況者でも、「え、この選手が……」「え、今の場面で言うと……」というように、喋る前に必ず「え」が入る人がいます。ただ、それを聞いている視聴者は「この実況者はダメだ」とは思いません。むしろ、試合の内容のほうを気にして、どんな情報を伝えてくれるかを気にしています。

このように、**実際には「あ」や「え」は、聞き手はそれほど気にしていない**ものです。話す側も、これらを口にしないようにと気をつけるばかりでは何も言えなくなってしまいますし、それでは元も子もありません。「あ」と冒頭に入れることが話し始めの準備運動のようなものであれば、それでよいのです。

それよりも、肝心の内容やそれ以外の話し方の部分で「どうしたらより相手に伝わるか」を意識すべきです。

話し方

#12 必要なのは語彙力よりもやさしく言い換える力

常に「簡単に言えばどうなるか」を考える

よく「話がうまくなるためには語彙《ごい》力（ボキャブラリー）が必要だ」「語彙力を増やすためには読書がいちばんだ」というようなことが言われます。確かに、物事をより正確に伝えるためには、語彙力やそれを養うための読書も大切です。しかし、それ以上に重要だと言えるのが**「物事をやさしく言い換える力」**です。

たとえば「大学時代をモラトリアムと言うのはなぜか」と聞かれたとして、「自己発見を通じて社会的成長に至るための準備期間だから」と答えても、相手は何のことだかさっぱりでしょう。これをやさしく言い換えて、「社会人としての務めを果たさなくていい代わりに、自分を見つめ直す期間だから」と表現したほうが理解してもらいやすいです。

先輩：看護学校の学生は一般の学生と違って「看護師になる」という社会的使命を帯びているから、アイデンティティの問題で頭を悩ますことが少ないんだって。

自分：要するに、「将来の目標が定まっているから安心して勉強できる」ってことですね。

この点で、僕が最も尊敬しているのは池上彰《あきら》さんと林修《おさむ》先生です。この2人は**難しい話をするときでも難しい表現を一切使わず、いつでもやさしい言葉で説明しています**。

逆に、難しい言葉を使わないと説明できないというのは、その物事について自分が本当は理解していないということでもあります。そう考えると、確かに池上さんや林先生は自分の話す内容について、中途半端にではなく、完璧に理解しています。そして、**「これは簡単に言えばどうなるか」ということに常に意識的であるからこそ、いつでもわかりやすい説明ができる**のではないでしょうか。

話し方

#13 話し上手は言葉巧みなたとえ上手

たとえるコツは共通点を探すこと

話が上手な人は言葉の言い換えだけでなく、「たとえる」のも上手です。**自分の話が抽象的でわかりづらいとき、別のことにたとえることで、相手にすんなり理解してもらえた**という経験がある人も少なくないでしょう。

言い換えの場合は、難しい内容を「簡単に言うとどうなるか」と考える必要がありますが、それがなかなかできなかったり、そもそも言葉で説明すると逆にわかりづらくなってしまったりする物事に関しては、**何かにたとえることで聞き手の興味を引いたり、理解を深めてもらったりする**ことができます。

たとえる際のコツは、**当の話題になっている物事と別の物事との共通点を探すこと**です。

言ってみれば、「たとえる」ことは「2つのものの共通点を探す」ということでもあります。

たとえば、目の前に大きな目標が控えているとしましょう。その「大きな目標」を「エベレスト」に見立てて、「それはエベレストに登るようなものだね」と言えば、それが達成困難な目標であり、見事達成するためには日ごろの小さな積み重ねが大事だということを一言で伝えることができます。

もちろん、話を聞く際にも、相手が言おうとしていることに対して「それはこういうことですね」とわかりやすくたとえることができればなおよいです。相手も「私が言っていることをちゃんと理解してくれているな」と好印象をもってくれることでしょう。

同僚：A社へのプレゼン、僕たちだけでやることになったけど大丈夫なのかな。今からとても不安で……。

自分：あのプレゼンは、エベレストに登るようなものだよ。かなり難しいと思うけど、もし成功したら、とてもきれいな景色が見られると思うよ。

自分のフィールドに引き寄せる

とは言え、上手なたとえはなかなかすぐには出てこないものですし、それができるようになるためには多くの練習が必要になってきます。43ページで挙げた池上さんや林先生もたとえがとても上手ですが、なぜかと言うと、知識や経験が豊富だからというのはもちろんのこと、この2人はたとえ話をするとき、いつでも自分の分野に引き寄せてたとえるからです。

たとえば林先生の場合、「これってこういうのに近いですよね」といって出してくる具体例がたとえば野球の話であったり、歴史の話であったりと、自分のフィールド（関心分野）に関することなのです。これを手本にして、もし自分がスポーツ好きなら、スポーツでたとえてもよいでしょう。また、映画が好きなら、映画でたとえてもよいでしょう。大事なのは、**無理にたとえようとしないこと、空想の話ではなく、あくまで自分の知識や経験に基づいたたとえをすること**です。

それでも難しいという場合にはどうすればよいのでしょうか、僕が実践しているのは「先人の力を借りる」ことです。僕には「名言ノート」（210ページ参照）といって、偉人や有名人の優れた発言を書き留めているノートがあり、彼らの名言のなかにはよく物事をたとえているものがあります。自分自身にたとえる力がなくても、それらの名言を覚えておけば、いざというときに引用して話を膨らませることができるのです。

episode 06

お笑い芸人さんはたとえが上手

たとえが上手な人と問われて、すぐに思い浮かぶのはフットボールアワーの後藤輝基《てるもと》さんです。後藤さんには「高低差ありすぎて耳キーンなるわ」（テレビ朝日系列の『ロンドンハーツ』で「奇跡の一枚」という企画を行った際に生まれたもの）というツッコミがあります。くりぃむしちゅーの上田晋也さんも「〇〇か！」というたとえがおもしろい。お笑いで言えば、ほかにも、おもしろい〝あるある〟ネタやリズムネタは総じて〝たとえ力〟が優れています。芸人さんのたとえを参考にするのも、たとえ力アップの秘訣《ひけつ》と言えるでしょう。

話し方

#14 相手が理解しているかケーススタディで確かめる

実際の場面に即して考えさせる

コミュニケーションとは、自分がどれだけがんばって話したとしても、相手に伝わっていなければ成立しないものです。相手が「うん、うん」と相槌《あいづち》をうってくれる場合には、正しく伝わっていると考えられますが、相槌も何もない場合には判断できません。

もちろん、話の途中で「ここまではわかった?」「何か質問はある?」などと聞くこともできます。しかし、相手が、理解していると思い込んでいる場合、ある程度しか理解できなかったけれど再度聞くのはためらわれるという場合に、一度「わかった」「質問はありません」と答えられてしまったら、こちらも「本当に?」と聞き返すことはなかなかできません。聞き返したとしても、「はい」と答えられてしまいます。

そのようなときは、**具体的な例を出して確かめるのがおすすめ**です。実際に似た状況が起こったと仮定して、その状況を解決または改善するためにはどのような手段が取れるか、またその結果どのようなことがわかるか、ということを事前に確かめるわけです。

たとえば、**自分の経験をもとに、「こういう状況になったらどうする?」と聞きます**。

そこで返ってきた答えが真っ当なものであったら、相手が本当に理解しているということです。逆に答えに詰まったり、的外れな回答をしていたりしたら、まだ理解できていないということですから、その際はもう一度説明すればよいのです。

自分：A社の案件で、申請用の書類が必要だと言われた場合はどうすればいいと思う?

後輩：A社の案件の場合ですね。さっき説明してもらったB社の案件と条件は同じですよね。同様に経理課に発行してもらって、メールで送ればいいと思います。

話し方

#15 相手が理解できない原因は自分の話し方にある

理解してもらうための努力を怠らない

48ページでも書いたように、自分の言いたいことが相手に正しく伝わってはじめてコミュニケーションが成立したと言えます。しかし、コミュニケーションが成立していない場合、つまり相手が自分の言うことを理解できていない、または理解していても納得できないという場合でも、相手に非があるわけではなく、**あくまで自分の話し方や伝え方に問題があると考えるべき**です。

もちろん、相手が理解できなかったり、納得しなかったりしたときに怒りが湧いてしまうのは人間の自然な心理です。とは言え、その怒りは「自分の考えていることが正しく、相手が間違っている」と思い込むところから生じます。つまり、その思い込みを捨て、**自**

分の話し方や伝え方のほうに問題があったと考えることで、冷静になれるのです。

このように考えたら、まずは自分のこれまでの話し方を振り返ってみて、何か問題がなかったかを考えてみましょう。たとえば、難しい言葉ばかり使っていなかったか、話しているときの表情は適切だったかなどです（第3章以降で紹介する1対1での話し方・大人数での話し方なども参考にしてください）。これと合わせて、**自分が今回のような考えに至った経緯なども補足的に話すと理解を得やすい**でしょう。いずれにしても大事なのは、相手に理解してもらうための努力を怠らないことです。

同僚：先ほどのお話で、今回問題となっている事柄についてはよく理解できたのですが、私は賛成できません。

自分：そうですか。もしかしたら私の伝え方に問題があったかもしれません。実は、先ほどあのように話したのは——

episode 07

天気予報で「晴れてよかった」はNG

僕の場合は、自分の話を相手に理解してもらえなかったとき、「自分の話し方に問題がある」と考えるのが習慣になっています。テレビというものは、立場も考え方もまったく異なる不特定多数の人が観るもの。自分の発言が悪いように捉えられてしまっても、「そういうつもりで言ったわけではない」と後で弁解することはできません。

たとえば、天気予報で晴れだとしても、視聴者のなかには土が乾燥しているので雨が降ってほしいと考えている農家の方もいます。そのため、アナウンサーも「晴れてよかったですね」とは言わず、「晴れました」「行楽日和です」とだけ言うのです。誤った発言をしてしまった場合、テレビ局に直接クレームが入ったり、今はSNS上で「残念です」といったメッセージが届けられることもよくあります。僕自身はみなさんに平等に対応すべきだという思いから、それらにあえて返信していませんが、それでも内容は真摯に受け止め、自分の伝え方に問題があったと反省することにしています。

PART 2

会話がどんどん弾む
話の聞き方

聞き方

#16 話を聞きたい人との会話で場数を踏む

あえて聞くことに徹するのもあり

話が上手になるためには、話し方だけを工夫すればいいかというと、そうではありません。相手の話を聞くということも含めて「会話」だからです。「話し上手は聞き上手」という言葉もありますが、それほど相手の話を「聞く」ということは重要なのです。

言ってしまえば、**相手が気持ちよく話せているのなら、何もこちらから話を振る必要はなく、自分は聞くことに徹するだけでもよい**のです。

聞き上手になるためのコツとしては、話し方と同じように、とにかく場数を踏むことです。まずは**話をする内容に対して前提条件が同じ人の話を聞くのがおすすめ**です。「前提条件が同じ」というのは、仕事について話をするなら同じくらいの役職の人、同じ業界で働いている人などを指します（90ページ参照）。自分と相手の知識や背景が違うと、いくら話を聞いていても頭に入ってこず、こちらも適切な相槌や質問を返すことができません。
また、なかでも「話を聞きたい」と思える人と話すのがよいでしょう。興味や関心をもって聞けるので、相手の話を掘り下げるための質問も自然と出てきやすくなります。

episode 08

前提条件の違う人と話す

テレビ局のアナウンス部というのは人の流入が少ない、少々閉ざされた部署で、そのため、他部署の話はほとんど聞けません。だからこそ僕は他部署の人、つまり前提条件が異なる人と話すようにもしていました。話すというよりは聞きに行くという感じです。こちらは聞き手に回り、相手に自分のフィールドの話をしてもらうのです。そうすると相手も話しやすく、こちらもその話を通じて相手の人となりを知ることができます。加えて、話がおもしろければ自然と質問するようになるので質問力も上がります。

聞き方

#17 ありがとうは相手の目を見て伝える

褒められたら感謝を伝える

23ページで褒め方の話をしましたが、一方で褒められたときにどう返したらよいかわからない、うまく返すことができないと思っている人もいるのではないでしょうか。

そんな人にまず心がけてほしいのは、**相手の目を見て「ありがとう」と伝える**ことです。

どんな人にとっても、褒められるというのは嬉しいことでしょう。

褒められたら、「ありがとう」「嬉しい」と素直に伝えることで、コミュニケーションを円滑にすることができます。

褒められたときに「私なんて……」と謙遜してしまう人もいるでしょうが、相手からすると「素直に褒めたのに、伝わらなかったのかな」と寂しい気持ちになったり、「悪いことしたかな」と不安を感じたりすることもあります。

相手の好意に対して、まずは「ありがとう」と感謝する姿勢をもつとよいでしょう。

大切なことは目を見て答える

何かを話してもらった際に感謝の気持ちを伝えるには、相手の目をまっすぐに見て答えるのがいちばんの方法です。

相手の目を見るというのはとても大切なことです。アナウンサーがニュースを読んでいるとき、原稿を見ながら話していても、本当に伝えたいことを話すときは自然と顔を上げてカメラを見つめます。カメラの先にいる視聴者の目を見て、呼びかけているのです。つまり、「あなたの話をしっかりと受け止めています」という気持ちを含め、何かを伝えたいときは、相手の目を見て伝えることがいちばん最善の方法です。

動物は本能的に目を見られると構えてしまうものなので、「相手の目を見ることが苦手だ」「恥ずかしい」と思う人も多いでしょう。

ですが、気持ちをしっかりと伝えたいと思うのであれば、**大切な場面では相手の目を見る**ようにしてください。

聞き方

#18 目線が泳ぐのはNG 視線を外すときのコツ

相手に意識を向ける

伝えたいことがあるときは相手の目を見るとよいとお話ししましたが、長く会話を続けるときに、ずっと相手の目を見ているわけにもいきません。

あまりにもジロジロと見てしまうと、「今話していることのほかに、何か言いたいことがあるのかな？」と思われたり、場合によっては相手を不快にさせてしまうこともあります。会話中は相手に目線を送り続けるのではなく、**相手に意識を向け、会話に集中していることが伝わる**ようにしましょう。

目を合わせなくても、身体の向きを少しでも相手に向けたり、目線を相手の目から少しずらして、おでこや鼻を見るのもよいです。

おすすめは、**相手の顔の上半分を見ること**です。顔の上半分を見るようにすると、自然に相手との距離をとることができます。

また、上のほうを見ていると、考えているように見えるため、真剣に会話に向き合ってくれているような印象を与えることができます。

顔の上半分あたりを見るようにして、時々目を合わせる程度の距離感が、最も自然に会話ができるのではないでしょうか。

顔の下半分を見つめるのを避ける

会話の流れのなかでの目線の置き方はとても重要です。**いちばんよくないのは、目線が泳いでしまうこと**です。キョロキョロと周りを見ていると、話に集中していないと受け取られてしまいます。

また、相手の目よりも下、顔の下半分を見てしまうと、相手からは伏し目がちのように見えてしまい、「会話がつまらないのかな?」と思われてしまいます。

時々、相手の顎《あご》あたりに目線を置く程度なら構いませんが、長時間、相手の口元を見つめるのは避けたほうがよいでしょう。

聞き方

#19 口角と姿勢を意識して相手に明るい印象を与える

誤解のタネになりやすい、聞いているときの「表情」

前節で、話を聞くときの目線についてお伝えしてきました。加えて大切なのが、**話を聞くときの表情と身体全体の姿勢**です。

まずは口角を上げることを意識しましょう。話を真剣に聞こうとすればするほど、表情も真顔になりがちですが、相手からすると「あまり話に興味がないのかな」「怒っているのかな」と思われてしまいかねません。

アハハと声を上げて笑ったり、歯を見せる必要はありませんが、口元の筋肉を少しだけ上げるよう意識するだけで、相手からの印象は格段に変わります。特に、人と話をしているときに「本当に聞いているの？」と言われてしまう人は、聞いているときに口角を少しでも上げるようにしましょう。

体幹を鍛えて姿勢を正す

また、身体全体の姿勢にも注意してみてください。

会話が長時間に及ぶと、つい楽な姿勢になろうと背中が丸まってしまう人も多いかと思いますが、猫背はとても暗い印象を与えてしまいます。話の合間に意識して自分の姿勢をピンと正してみましょう。

背筋を伸ばすコツは体幹を鍛えることです。おすすめは、**お風呂場で行う体幹エクササイズ**です。

シャワーを浴びる際に、お風呂場の椅子に座って10～15分ほど姿勢を伸ばしてみましょう。アスリートのようなトレーニングなどは必要なく、それだけで姿勢をよくするのに必要な体幹が鍛えられます。

入浴中は、頭を洗いながら前かがみになって下に置いてあるものを取るなど、姿勢が悪くなりやすい場面でもあります。せっかくのリフレッシュタイムですから、姿勢を悪くするのに費やさず、効率よく体幹を鍛えてみてはいかがでしょうか。

聞き方

#20 身振り手振りは意識すれば自然と身につくようになる

感情をよりよく伝えるための「動作」

聞いているとき、話をしているときの身体の動作、特に手の位置について悩む人は多いのではないでしょうか。手が動いていると、落ち着きのない人だと思われるかもしれない……と懸念する人もいるかもしれませんが、定位置にピタッと置いておくようなことはせず、自然と動くままにしておけば問題ありません。

ただし、自然な状態では動かしていないという人の場合は、意識して動かしたほうがいいでしょう。いずれにせよ、**極端に大げさな動きさえしなければ、手の動きは取り入れたほうがよい**のです。

手の動きがあったほうが、動きがないときと比べて話し方に抑揚がつき、言葉の内容や声のトーンだけでなく、非言語的な部分もあわせて感情を伝えることができ、より相手に気持ちが伝えられます。

伝えたい感情があるときは、言葉に動作を乗せて気持ちを伝えてみましょう。

上手なジェスチャーのコツ

動作で感情を伝える際に、「落ち着きがない」と思われないためのコツとしては、大きくゆっくりと動くことです。細かい動作で素早く手を動かすと、相手には何の動きをしているのか見えないために、「落ち着きがない」と捉えられてしまいます。

また、**身振り手振りは、あくまでも話の抑揚をつけるためのツールのひとつである**ということを忘れないようにしましょう。言葉の一つひとつにジェスチャーを入れてしまうと、相手は会話の内容よりも動きのほうに気を取られてしまいます。

ジェスチャーを入れるのは、相手の発言を肯定するときや否定するとき、疑問があるとき、嬉しい気持ちを伝えるときなど、「ここぞ」というときだけにしましょう。

聞き方

#21 ジェスチャーで相手の気分を乗せる

話を聞くときは相槌を入れる

会話を円滑に進めるために欠かせないのが、「相槌」です。相手の話の内容に合わせて、「うんうん」「なるほど」「そうなんだ」と言葉を入れることで、相手も楽しくなって話をしてくれるようになります。

アナウンサーがインタビューを行うときは、会話を録音しているため、基本的に質問して相手が話し始めたら相槌を入れないようにしています。それは、視聴者にとってアナウンサーの相槌がインタビューの〝雑音〟になってしまうためです。

では、インタビューに答えてもらっている間、アナウンサーはまったくの無反応で話を聞いているのかというと、そうではありません。相手が答えている間は、話に対して多少大きめに頷《うなず》くジェスチャーをするなど、動作で相槌をうっているのです。

これはとても重要なことで、**ジェスチャーだけでも相槌をうつと、相手の気分も乗って、どんどん話をしてくれる**ようになります。

ただし、普段の生活のなかでは、声を出してはいけない場面に遭遇することは少ないでしょう。ですから、音声を入れて、どんどん相槌をうって構いません。

ジェスチャーだけでも伝える重要性

最近ではコロナ禍でＺｏｏｍなどを使ったリモート会議を行う人も増えました。リモート会議のなかでは、誰かひとりが話している間、ほかの人はミュート（消音）にしていることもあるでしょう。ミュートにしないまでも、普段対面で会話しているときのように相槌をうっても相手には聞こえません。そんなときは、**ジェスチャーで相槌をうつことで、「聞いてますよ」という意思表示をする**ことができます。

リモート会議のような〝場の空気感〟が伝わらないような状況では、非言語コミュニケーションを取り入れることが会話を進めるために特に重要になります。

聞き方

#22 自分が思うよりも20%大きくリアクションしてみる

感情は思っている以上に伝わらないもの

上手に相槌をうつコツは、大きめのリアクションをとってみることです。リアクションというのは、自分が思っているよりも相手に伝わらないものです。人間はリアクションをとるとき、自然とリミッターがかかるため、想像よりもリアクションが小さくなってしまうのです。

テレビを観ていて「普通だな」と感じる出演者たちのリアクションは、実はスタジオで見ると不自然なくらい大きいものです。しかし、それでようやくモニター越しに観ている視聴者が「この人は話に反応している」と感じるわけです。

実際に対面して会話する際にはそこまでは必要ないですが、それでも**自分が普段してい**

るときより20％くらい大きめのリアクションをとってみると、相手の反応もよいでしょう。

身振り手振りを駆使するアナウンサー

テレビの世界で生きているアナウンサーは、特にそういった非言語コミュニケーションを意識しています。カメラで撮られていることを前提に話しているため、「動き」も情報を伝えるツールのひとつなのです。

僕が特に身振り手振りがうまいと感じたのは、元日本テレビアナウンサー、現在フリーで活動されている羽鳥慎一さんです。

番組中のやりとりを見てわかるように、謙遜するときは「いえいえ」と手を横に振ったり、「ありがとう」と伝えるときは手を縦にして感謝の気持ちを身体で伝えたり、非言語コミュニケーションを加えて、うまく感情を伝えています。

どういう言葉にはどんな動作が正しいかといった〝正解〟はありません。自分が思った動作を取り入れてみてください。

聞き方

#23 相槌は母音で使い分ける

「あ・い・う・え・お」で気持ちよい相槌をうつ

相槌をうつときは、母音（あ・い・う・え・お）の使い分けを意識しましょう。人は、**会話のなかに「あ・い・う・え・お」の五音があると気持ちよく感じる**ものです。

「ああ！」と言われると核心をついたなと感じますし、「えー！」と言われると驚かせたなと感じます。また、「うーん」と言われると相手に問題提起ができたなと思いますし、「おぉ！」と言われるとすごいと思ってもらえたと感じます。相手がほしいリアクションを、母音のなかから選ぶような気持ちで相槌をうってみるとよいでしょう。

また、**人間は同意されると嬉しい**ものですから、「なるほど」「そうそう」「へぇ」といった言葉を使うと、相手もよい気持ちになります。

相手が知識を伝えようとしているときは「なるほど」「へぇ」、相手が感情を共有してほしいと思って話しているときは「確かに」「そうそう」など、相手の話題によって使い分けてみてください。

友人：実は最近ダイエットを始めて、1カ月で3キロ落としたんだ。

自分：えぇ！　1カ月で3キロも!?　それはすごいね！

ただし、目上の人に対して「そうそう」といった言葉遣いをすると失礼に当たるため、相手によって適切な言葉を使うよう心がけましょう。

上司：コロナ太りで困ってるんだよ、ジムでも行こうかなぁ。

自分：わかります！　私も外出しないものだから体型が気になってきて……。

会話のなかで出てきた言葉を拾う

相槌は会話を盛り上げるための潤滑油のようなものです。そのため、相槌のなかで**それまでの会話で出てきた言葉を拾ってもう一度言う**というテクニックも有効です。

「ああ、だから○○なんだね」、「えー！　××でそんなことがあったの！」というように相手の発言を繰り返すことで、それまでの話を聞いていたという意思表示にもなります。

また、相手も話をわかってくれているんだと実感して、嬉しくなるものです。

episode
09

自分の価値基準で答えない

相手の話に対してどの言葉を使うのか、自分の価値基準のみで選ぶと、ときに相手を不快な気持ちにさせてしまうかもしれません。

以前、後輩の平松修造アナウンサーから相談を受けたことがあります。

彼が野球の実況をした際に、ある野球選手が3打席連続で三振したあと、4打席目でホームランを打ちました。彼は、その様子を「汚名返上のホームランです」と実況しました。

しかし、その後、彼は自分の言葉にひどく葛藤したと言います。

3三振したことは汚名なのか、そういうことを決めつけて実況してしまってよいのか……。選手本人からしたら、スウィングできていたから納得の三振だったかもしれないし、事実に対して自分の価値判断で脚色して伝えてしまったことを、彼は後悔していました。

このように、自分の価値判断で発言した言葉が、相手の価値基準とは異なるというのは、日常の会話でも起こり得ます。

よい・悪いといった評価や人の気持ちは、誰かが決められるものではないため、そういった話に触れる際は、慎重に言葉を選ぶようにしましょう。

聞き方

#24 口を挟みたくなっても相手の話は最後まで聞く

相手の話をさえぎらない

相槌をうつときは、それが共感の気持ちであっても否定のものであっても、**人の話に被せてしまうことは禁物**です。相手が話しているときは、その話を最後まで聞くようにしましょう。

たとえば、相手が話している最中に「そうそうそう！」と被せてしまうと、「あなたが言うこと、私は前から思っていたよ！」といったニュアンスに受け取られ、相手はマウントをとられているような気持ちになってしまいます。否定の言葉であればなおさら、まだ自分の意見を言い終わっていないのに……と相手は不快な気持ちになってしまうでしょう。

友人：先週〇〇って映画を観に行ったんだけど……。

自分：それ、すごくおもしろかったよ！　2日前に観に行ったんだけど、冒頭のシーンがとても印象的で——

　このようにさえぎって自身の感想を述べてしまうと、相手は次の話ができなくなります。特に、相手の意見を否定したいときに話をさえぎってしまうと、相手はかえって感情的になり、余計に話し合いがこじれてしまう可能性が高いです。

　そのようなときは、無駄な相槌を避けて、とにかく相手に気持ちよく話してもらうことに注力しましょう。

　ただし、**なんでも「わかるわかる」と共感することは禁物**です。特に気持ちに関することは、「あなたに何がわかるの」「そんな簡単にわかるものじゃない」と感じる人もいるため、相手の話に対して安易に「わかる」とは言わないようにしましょう。

　本当に共感できるポイントがある場合は、「僕もこんな経験があって……」と自分のエピソードを交えると、相手もあなたの共感に対して納得しやすくなります。

聞き方

#25 専門用語ばかり使う人はとにかくヨイショする

相手の懐に入るという術

仕事をしていると、やけに難しい言葉や専門用語を多用してマウントをとろうとする人もいるでしょう。ビジネスの場においては避けるのが難しいそんな人たちには、**とことん「ヨイショ」して持ち上げる**ことをおすすめします。

マウントをとろうとしがちな人は、人の上に立って教えることが好きなわけで、せっかくの機会ですから、こちらは下手に出て教えてもらいましょう。

人は自分が助けてあげた人のことを好きになりやすいと言います。「教えてあげた」「助けてあげた」と感じると、行動と感情を一致させたくなり、その人のことを好きになるのです。

つまり、「ヨイショ」することで相手に好意を抱いてもらえ、それ以降は本当にわからないことがあれば、教えてもらうこともできます。また、人間は好意を抱いている人に対しては攻撃的な態度を取らないため、マウントをとる回数も徐々に減っていくでしょう。

難しい話でこんがらがるときの対応

相手はマウントをとろうとしているわけではなく、単に知識不足で難しい単語ばかり使ってしまっているだけ、ということもあります。

話している本人も言葉の意味をよくわかっていないまま使っていたり、言い換えるための言葉のストックがなかったり、難しい言葉を話しているうちに、何が言いたいのかよくわからなくなっていたり……。

そんなときは、下手に出て聞き続けても、こちらも相手も混乱するだけです。いったん話を中断してしまっても構いません。**一度「つまりこういうことですか？」とそれまでの話をまとめてみましょう**。

内容が合っていれば、理解できているということですし、間違っていれば、相手の説明をもう一度聞いてまとめ直すことができます。

聞き方

#26 相手の実績や発言を踏まえたリアクションをする

リアクション次第で変わる相手の気持ち

70ページでも述べたように、これまでの会話で出てきた言葉を繰り返し使って相槌をうつと、会話が盛り上がりやすくなります。

それと同様に、**相手の実績やこれまでの発言に触れながらリアクションをとる**と、相手も気持ちよくなってより多くのことを話しやすくなるため、より立体的な会話ができるようになります。

スポーツ実況を担当する者としてスポーツ選手に取材するなかで感じたのは、スポーツ選手は話しながら「この人は詳しい」「この人は素人だな」などと見分け、相手によって話の内容を変えているということです。素人相手には「この人にはここまで言っても理解してもらえないだろう」と感じて初歩的な内容を提供し、「この人ならわかってくれるだろう」と感じる人には、より深く話してくれます。

自分：〇〇さんは以前に営業の仕事をなさっていたんですよね、だから話が上手なんですね。

先輩：確かに営業でいろいろな人と会話をしたから、鍛えられたのかもしれません。そう言えば、営業を担当していたときこんなことが——

そのため、現在軸だけの情報で会話をするのではなく、それまでの実績や発言を踏まえて、**相手の過去・現在・未来の3つの軸を意識して質問してみてください**。そうすることで、相手はより話をしたいという気持ちになり、会話が盛り上がるでしょう。

相槌をうつときは、「なるほど、これまで何度も経験されてますものね」「確かに。来週からそのプロジェクトに参加される予定ですものね」など3つの軸を踏まえて一言足すと、会話がより広がっていきます。

聞き方

#27 ときには相手の答えを深掘りする

たくさんのボールを投げればよいわけじゃない

会話というのはキャッチボールで、ボールをつなげていくものです。そのため、自分が聞きたい質問をただ投げ続けるのは、上手な会話とは言えません。

僕が新人アナウンサーの頃、野球班に所属して、宮崎キャンプを取材したことがあります。その際、大ベテランの谷佳知《よしとも》選手（当時、読売ジャイアンツ）に20分間のインタビューをすることになり、不安が募った僕は、事前に質問事項を２００個ほど用意して挑みました。手元のメモ帳を見ながら、とにかく質問を投げかけていると、谷選手から「メモばかり見て、俺の話を聞く気あるのか！」と怒られてしまいました。本来であれば、質問に対して谷選手が答えたら、それを踏まえて話をしていくというのが、あるべきインタビューの姿です。にもかかわらず、当時の僕は、ただただマシンのように自分の聞きたいことだけをメモを見ながら聞いていたのです。

聞かれた質問に答えたのに、自分の返答をスルーしてまた別の質問を投げかけられると、相手は話した甲斐《かい》がないように感じたり、不快に思うでしょう。**話を聞き出すときは、ただたくさんの質問をすればよいということではありません。**

本人の思いがこもった言葉を深掘りする

もちろん、これは取材時に限った話ではありません。質問をするときは一問一答にならないように、**投げかけた質問を入り口にして、さらに深く掘っていく**ことが大切です。その時、相手の発言のなかに出てきた言葉をとって、そこを深掘りしていくとよいです。「今、○○とおっしゃいましたけど、それはどういうことですか？」というように質問を重ねてみましょう。本人が発した言葉には、その人なりの思いや背景があります。それがいっそう強く感じられる部分を掘り下げていくと、相手についてより知ることができます。

ちなみに谷選手はその後も、折に触れて目をかけてくれるようになり、今でも親交が続いています。

聞き方

#28 質問は短くはっきりと答えは具体的にまとめる

うまく質問するコツ

質問が上手な人というのは、問いが短くシンプルでわかりやすいです。

質問が長くなると、聞いているほうも何を聞かれているのかよくわからなくなってしまいます。質問をするときは、相手が答えやすいように、シンプルな文章で組み立てるようにしましょう。

また、質問が短いということは、聞きたいことがはっきりしているということです。

自分が聞きたいこと、伝えたいことをうまく言葉にできる力を養うためには、日頃から名文に触れるとよいでしょう。

頭のなかで文章を構成する力というのは一朝一夕で上達するものではありません。それまでの人生で触れてきた名文の量に比例し、鍛えられていくものです。時間があるときは読書で名文に触れ、名言力・文章力を鍛えてみてください。文章を構築する力が鍛えられれば、自分が聞きたいと思ったことを明確な言葉で示せるようになります。

ポイントは活字に触れることです。そうすることで、頭のなかで文章を構成する力がつきます。

読書をすれば、答えをまとめる力もつく

さらに、頭のなかで文章を構成する力のある人は、質問に対しての答えをまとめる力も優れています。

抽象的な答えであっても、スパッと「こういうことですね」とまとめることができ、答えた相手も納得できるのです。

数多くの文章、名文に触れることで、質問する力だけでなく、質問の返答をまとめたり、話を広げる力も身につけることができます。

聞き方

#29 「イエス」か「ノー」で終わる質問をしない

オープンクエスチョンで相手を知る

先輩アナウンサーからもらったアドバイスのなかに「イエスかノーで答えられる質問はしない」というものがあります。**イエス・ノーで答えられる質問をすると、会話が「はい、そうです」で終わりやすくなってしまう**ためです。

特に、相手のことをよく知らないときは、イエスかノーで会話が終わってしまうと、相手の追加の情報を知ることができず、会話を広げにくくなってしまいます。答えの自由度を上げて、相手が何を考えているのか、どんな人物なのかを聞くようにしましょう。

こうしたイエス・ノーだけで答えられない質問を「オープンクエスチョン」と言います。

オープンクエスチョンには、答える相手の緊張を和らげるという効果もあるため、初対面の人との会話には、オープンクエスチョンを取り入れてみるとよいでしょう。

「大丈夫?」は質問として機能しない

後輩や同僚につい「大丈夫?」と聞いてしまうことがあるかと思いますが、多くは反射的に「大丈夫です」と答えてしまいます。このようなフレーズは、疑問文にはなっていますが、質問として機能していないため、なるべく使わないほうがよいでしょう。

質問するときは、自分が聞きやすいフレーズを使うのではなく、相手が答えやすい形にするのがポイントです。「この前の案件は受注できるのか?」ではなく、「この前の案件はどうだった?」「あの問題はどうだった?」というような、相手の答えが一言で終わらない質問を用意するようにしましょう。

自分：調子はどう？　この前、体調不良で早退したって聞いて心配したよ。

後輩：ご心配おかけしました。実は風邪を引いて熱を出してしまって……。

聞き方

#30 大事な話をするときは相手の答えまで想定する

事前に状況を整理する

会話のキャッチボールをうまくつなげるためには、場数が必要です。

それを聞いて不安に思う方もいるかもしれませんが、話の経験が少ない人であっても、**事前準備をすることで、どんな状況でも言葉をつなぐことができる**ようになります。

事前準備として重要なのが、**できるだけいろいろな返答のパターンを想像しておく**ということです。大事な話であればあるほど、「こうやって話そう」という伝え方だけでなく、相手がどう反応するのか、相手の答えのパターンまで考えておくとよいでしょう。

人は相手に想定外の反応をされると、言葉に詰まってしまうものです。次に話すときにこういう話をしよう、こういう質問をしようという用意とともに、「こう言われたら、こう返そう」と事前に整理しておくことで、いざ話をするときに冷静に会話を進めることができます。ノートやスマホのメモ帳に、言いたいこととそれぞれの内容に対して想定される相手の言葉を書いておくと、より状況を整理することができるため、おすすめです。

episode 10

若手の頃に経験した箱根駅伝の定点実況

入社3年目の頃、箱根駅伝の定点実況をすることになり、5区山登りの小涌園《こわきえん》で待機していました。どの大学が1位で来るかわからないなか、「この大学が1位で来たらこういう実況をしよう」「この大学が逆転していたらこう話そう」「この大学が逆転して、かつあの大学が順位を落としていたら、このエピソードを話そう」などと、想定されるありとあらゆるパターンを考えました。もちろん実際の実況では、用意したものをただ読み上げるわけではありません。ただ、想定すればするほど、緊張がほぐれ、どんな状況になっても大丈夫だという自信につながったのです。

聞き方

#31 相手から**感想**をうまく引き出すコツ

どんな質問がくるのか相手に予想させる

アナウンサーは仕事上、いろいろな人とお話をします。話のうまい芸人さんと会話することもあれば、喋るのが苦手なスポーツ選手にインタビューすることもあります。

どんな相手でも、気持ちをうまく引き出すコツは、**相手があらかじめ想定できる質問を投げかける**ことです。

たとえば、ホームランを打った選手にヒーローインタビューを行う際は、相手もホームランを打ったことについて聞かれるだろうと予想しているものです。そのため、なかにはある程度ユニークな答えを用意してくれている選手もいます。

日常生活であれば、たとえば食事に誘うときに「○○のことについて話したいんだけど」

と一言伝えておくとよいでしょう。口下手な人であっても、あらかじめどんなことを聞かれるのか予想できれば、答えを用意しやすいため、話がスムーズに進みます。

自分：このあとご飯行かない？　この前の旅行の話聞かせてよ。

友人：いいよ！　見せたい写真があるから楽しみにしてて。

質問はHOWの形で聞く

質問相手を見ながら、質問の種類を変えるのもポイントです。インタビューでも、話がうまい相手は、一言質問しただけで自分から話を広げてくれますが、そうでない人は、短い回答で終わってしまうこともあります。

そのため、相手が会話上手な人でない限り、先述したようにオープンクエスチョンとなるよう、**「イエス・ノー」で終わる質問はしない**ようにしましょう。

「どのようにして、やったんですか？」のようにHOWの形で聞くと、相手も具体的に答えやすくなります。

また、**本人にしかわからない「気持ちの部分」を聞く**と、話が展開しやすいです。

誰が見てもわかる事実の部分は、そこから引き出せることはあまりありませんが、たとえばボールを打った感触やそのときの気持ちなど、本人にしかわからない部分を質問すると、新しい発見もあり、そのあとの会話を広げる糸口も見つけやすくなります。

よく起こる間違いとして注意してほしいのが、質問したいのに疑問文で聞いていないということです。「〇〇でしたね」とだけ言って相手にパスした気になっていても、相手からは「そうですね」としか返ってこなかった……ということもあります。「〇〇でしたね、どう思いましたか?」のように、相手に話をパスするときは、しっかりと疑問文にすることで会話のキャッチボールが続けやすくなります。

PART 3

1対1で距離を縮める
言葉の伝え方

1対1

#32 お互いの前提条件が合った話題を選ぶ

なぜあの人には話が伝わりにくいのか

伝えたいことがあって一生懸命説明しても、どうやら相手には伝わっていない。思ったより会話が弾まない……。そんなときは、自分と相手のなかにある「前提条件」が違っている可能性があります。

会話は、前提条件が同じ人同士のほうが伝わりやすいのです。学生時代にクラスのムードメーカーが、担任の先生の物真似をしてウケをとる。その先生を知っている人たちは「おもしろい！」と盛り上がります。でも、その先生を知らない人には、なかなかそのおもしろさが伝わりにくいもの。

このように、**会話というのは、世代・職種・年齢・地域など、何かしら共通項がある相**

手とのほうが盛り上がりやすいのです。同窓会で数年ぶりに会った元同級生との会話が弾むのも、同じ学校出身という共通項があるためです。

自分：この前○○駅の近くを歩いていたら、△△先生を見かけたよ。

友人：先生、まだ近くに住んでるんだね。なんだか懐かしいなあ。

歳を重ねていくと、ずっと仲良しだった2人でも、片方は結婚して子どもが生まれ、片方は独身でバリバリ働いているといったように、環境が変わった途端に話が合わなくなってしまうことがあります。互いが置かれている状況が変わることで前提条件が合わなくなり、話が伝わりにくくなってしまうのです。

逆に言えば、自分と相手の前提条件が合っている話をすると、会話は盛り上がるということです。そのため、話を伝えやすくするためには、まず前提条件を合わせるという作業が必要です。相手との共通項を探したり、共通項がない部分では、より丁寧に説明することを心がけましょう。

1対1

#33 正確に伝えるために前提条件を揃える

必要な情報が共有されているか

前提条件を揃《そろ》える必要があると話をしましたが、この前提条件とはその人の所属や経歴、背景だけに限りません。日常会話やビジネスでのやりとりなど、普段会って話をしている相手に対しても、前提条件を揃えなければ、行き違いが発生することがあります。

たとえば、上司が部下に5日15時締め切りのA案件の作業について、「急ぎのA案件の書類、大丈夫そう?」と聞き、部下が「大丈夫です」と答えたとします。しかし、5日の15時になっても部下が書類をもってくる気配がありません……。部下に聞くと、「その件なら進めています。今日中には終わると思いますが」と返事。つまり、A案件の「5日15時締め切り」という前提が2人のなかで共有されていなかったということです。

ここで、上司が「今日中だと困るよ」などと言うと、部下も「えっ、どういうことですか？　今やっていますけど？」と不穏な空気になります。さらに、「今じゃなくて、もっと早くやってくれないと」などと言うと泥沼に……。**今話している内容についての前提条件が揃っていない状況で話を続けても、会話は成立しません。**まずは、「5日15時締め切り」という前提条件を確認し合うことが必要です。

話そうとする話題に対して、**相手が何をどれだけ知っているのか、どう認識しているのかを確認し、話題の前提条件を揃えたうえで会話を進めると**、話の行き違いも防げますし、相手の納得も得られやすくなります。

自分：この件だけど、○山さんからどこまで聞いている？

部下：今、稟議《りんぎ》でもめているところまでは知っています。

自分：そうなのよ。その稟議書の修正をお願いできない？

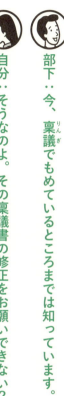

1対1

#34 相手の話を8割にして自分の話は2割に抑える

心理学者が提唱した会話のテクニック

よい人間関係を築きたいときは、**相手の話を聞くことに8割を割き、自分の話は2割程度に抑える**とよいでしょう。特に、相手のことをよく知りたいときや、相手によい気持ちで話をしてほしいときは、この8対2のバランスを意識してみてください。話し上手ではなく、聞き上手になるイメージで、うまく聞き手に回って相槌をうったり、相手の話を引き出すような言葉をかけてみましょう。

これは、アメリカの心理学者であるカール・ロジャーズが提唱した「傾聴」と呼ばれる、人と話をするときのテクニックです。もとはカウンセリングや福祉、教育といった場面で使われることが多かったテクニックですが、最近ではビジネスなどでも使われます。

相手の「話したい」という気持ちに合わせて自分のパートを削り、相手に気持ちよく話をしてもらうことで、「あなたと話すと楽しい」と思ってもらえ、かつ自分自身もいろいろな情報を得ることができます。

話を聞き出すのにSNSが有効

相手の話を聞き出すときに便利なのがSNSです。**SNSに載っている情報は本人が「知ってほしい」と思って上げている**ものです。人づてに聞いた話を本人にしてしまうと、実は触れてほしくない話題だったりすることもありますが、自らSNSに載せている情報はそんなことはありません。「この前つくっていた料理、とてもおいしそうでしたね」などといった言葉は、言われたほうも嬉しくなります。

もちろん親しくない間柄で個人のアカウントまでチェックされていたら、「気持ち悪い」と思われることもあります。そうした場合は、勤めている企業のアカウントをフォローしていれば、「こんな新商品が出るんですね」といった会話のネタにすることもできます。**SNSを活用すると相手との共通項を見つけやすく、相手の話を引き出しやすくなる**でしょう。

1対1

#35 専門的な話をするときは対象を本気で好きになる

「好き」の気持ちがあると集中できる

専門的な話をするときは、その対象を本気で好きになることがポイントです。仕事でも勉強でも、**「嫌だ」という気持ちが強いと、あまり集中できず、頭に入りにくくなってしまいます**。

僕は日本テレビに入社して間もなくのころ、「ロードレース世界選手権」というバイクレースの実況をすることになりました。当時バイクの知識があまりなくて、専門用語を覚えるのに四苦八苦していたのですが、そのときある先輩から「まずは、この競技を好きになることだよ」と教わり、僕自身も確かにそうだと思い、のめり込んでいきました。

バイクについて知るために大型自動二輪免許を取るなど、積極的にバイクに触れるようにもしました。好きという気持ちがあると、よりその対象についての知識が増え、以前にはもっていなかった会話のネタを手に入れることができます。

好きになる理由は自分の価値観でよい

ただ、僕はバイクレースのスポーツ的な要素よりも、エンジンのしくみに大きく惹《ひ》かれました。そのため、取材に行くときはメカニックの人にも話を聞いて、エンジンをつくる人の職人魂やクラフトマンシップを感じて、さらに惹かれていきました。

自分：今、販売中の商品、とてもいい色使いですよね。最近、カラーコーディネートにはまっていて、機能もさることながら色がかっこいいです！

取引先：ありがとうございます！　あの色は試作品を8パターン用意して――

好きになる理由は、周囲が評価していないことでも、何でも構いません。何か**自分の中で見つけることで、新しい言葉や話題を生み出すきっかけ**になります。

1対1

#36 アイドリングトークで相手の緊張をほぐす

相手の緊張を和らげる一言

学生であれ、社会人であれ、1年、2年経てば後輩ができます。さらに昇進して立場が上になると、自分より年下の人やキャリアが浅い人と会話をする機会も増えるでしょう。話しながら、相手がとても緊張していることが伝わってくることもあります。自分が口べタな場合、「あまり気さくに話をしてくれる人ではない」という印象を相手に与え、さらに緊張させてしまうかもしれません。

そんなときは、**アイドリングトークを取り入れてみましょう**。車をいきなり走らせずに、準備運動としてエンジンを多少空ふかしして温めるように、話す場を温めるのです。

たとえば、「本日の議題はDの件についてです」といきなり話すのではなく、その前に一言、「今日は何でも聞いてくださいね」といった一言をかけるようにしましょう。

会議や面接のような場面では、「言い間違えても、言い直していただいて大丈夫です」といった声をかけて心理的なハードルを下げてあげると、相手はリラックスして話し始めることができます。**その場の状況に応じて、相手の動向を気にかけた言葉をかけてあげましょう。**

また、声をかけると同時に、他愛のない質問をしてみるのもよいでしょう。「今日はどうやって来たんですか？」「昨日の試合は見ましたか？」といった本筋とは関係のない会話をすると、相手の緊張も和らぎます。

自分：今日はどうやってここまで来たんですか？

後輩：普段はこの辺りまで歩いて来ることが多いですが、今日は雨だったのでバスで来ました。

自分：近くに住んでいるんですか。私もそうなんですよね。

アイドリングトークで共通項を見つける

また、**アイドリングトークには、相手との共通項を見つけやすくなる**というメリットもあります。相手のためだけでなく、自分にとっても有効なわけです。

「出身はどちらですか」という他愛のない会話から、同じ地方出身だということがわかったり、お互い同い年くらいの子どもがいることがわかると、親近感を抱きやすくなります。共通項を探す場としても、アイドリングトークを活用しましょう。

また、目下の人と話すときは、**相手と同じ立場だったときのことを話す**とよいです。社会人が学生と話すのであれば自分が学生だった頃の話。若手社員との会話であれば、自分が若手社員だった頃の話をしましょう。

「僕は学生時代こんな曲を聴いてたけど、今はどんな曲が流行《はや》ってるの？」というように話題を振ると、「今はこんな曲が流行ってます」と教えてもらえたり、昔流行っていた曲が今でも流行っていると知って驚いたりすることがあります。

世代間のギャップを感じて、それがひとつの話題になることもありますし、何より相手に親近感をもつことで、本筋の話もしやすくなります。

本題を始める前にアイドリングトークを挟む

● オープンクエスチョンで相手を知る(82ページ参照)

- どちらにお住まいですか？
- どうやってここまで来たんですか？
- どちらのご出身ですか？

▶ **自分との共通点を見つけることができる**

- この前旅行で行きましたよ！
- 実は私もそこの出身なんですよ

● 会話のハードルを下げる声かけをする

- 緊張しなくて大丈夫ですよ
- 今日は何でも聞いてくださいね
- オンラインでの面接には慣れましたか？

▶ **相手の緊張をほぐすことができる**

- 間違えても言い直して大丈夫ですよ

● いろいろな質問で距離を縮める(110ページ・116ページ参照)

- 週末はどこか行きましたか？
- 昨日の○○の番組、観ました？

▶ **相手の話を広げることができる**

- サイクリング、お好きなんですか？
- いつもどんな番組を観てるんですか？

● 前提条件が揃っている話題を出す(90ページ参照)

- 僕が入社したときはこの映画が流行っていたけど……
- 大学時代は夏休みに旅行とか行ってたなあ

▶ **世代間のギャップや共感が話題になる**

1対1

#37 名前を呼ぶことで心の距離がぐっと近くなる

名前を覚えるのが苦手な人ほど相手の名前を呼んでみる

はじめて会う相手と話すときは、積極的に相手の名前を呼ぶようにしてみましょう。

これは、まず相手の名前を間違えていないか確認するためです。自分の名前は言い慣れているため早口で言う人が多く、聞き間違いがないか確認することが大切です。

「田中です」と自己紹介されたら、「田中さん、よろしくお願いします」とその場で名前を呼んであいさつを返すようにしてみてください。

名前を覚えるのが苦手だという人もいますが、そういう人ほど会話中に名前を呼ぶようにするとよいと思います。仮にはじめて会った人、会うのが二度目の人などであれば、覚えていなければ、あらためて「お名前、もう一度教えてもらえますか」と聞いて構いません。それを失礼だと思う人は、それほどいないと思います。

仕事の第一歩は名前を覚えるところから

それ以上に名前を呼ぶことのメリットとして、**名前を呼ばれたほうが相手に親近感を抱きやすくなる**というものがあります。

会社であれば、「派遣さん、ちょっとこれをお願いできますか」「その仕事、バイトくんにやってもらって」など、その立場でひとくくりにして呼んだりする人も見かけます。しかし、「バイト」のひとりとして認識されているより、「田中さん」という個人で認識されているほうが、お互いに気持ちよく仕事できるのではないでしょうか。

僕は、仕事は人間関係が8割だと思っています。なので、どんな仕事をするにあたっても、**その業務に関わる人たちの「名前を覚える」ということがはじめの一歩**になります。

23ページで「褒める」話をしましたが、名前も覚えていない人のよいところなど、思い浮かびようがありません。最初は「丸顔で事務を担当している田中さん」と覚えて、のちに「田中さんはこういう配慮をした仕事をしてくれる」というふうに、名前を中心として、その人のイメージが具体的になっていき、「褒め力」を発揮しやすくなります。

episode 11

人間関係を結ぶ第一歩

名前を覚えてもらえると、とても嬉しい気持ちになりますよね。

学生時代、テレビ朝日でアルバイトをしていたときに、番組のＭＣを務める渡辺宜嗣《のりつぐ》アナウンサーから「青木くん」と名前で呼んでもらったことがあり、今でもとても印象に残っています。

テレビ製作の現場では、学生のアルバイトを「学生さん」と言ったり、「ＮＡさん（ニュースアシスタントの略）」と呼んだりするのが一般的で、名前で呼ぶ人はあまりいません。そのため、名前で呼ばれたことがとても嬉しくて、自分自身がテレビ局に入社し、アナウンサーとして仕事を始めるときも、同じように、周囲で仕事している人の名前はなるべく覚えて、呼ぶようにしようと決意しました。

1対1

#38 「好き」を伝えることで輪が広がる

「好きだ」という気持ちが周囲に広がる

今でこそ多くの人が知ってくれていますが、僕は入社してからしばらくの間、「ジャニーズが好き」ということは公言していませんでした。公平中立の立場で話すアナウンサーという仕事柄に加えて、あまり自分自身について話す機会がなかったためです。

それが変わったのは、2012年12月に『嵐にしやがれ』（日本テレビ系列）という番組にゲスト出演したときのことです。

「青木さんは何が好きなんですか？」と聞かれて「ジャニーズが好きです」と答えたことがきっかけで、嵐のメンバーとジャニーズのイントロクイズで対決することになりました。

そこで僕が勝ったことが話題になって、それ以来、ジャニーズ好きが取り上げられるようになったのです。ジャニーズについて話をしてほしいという依頼もそこから増えました。

「好き」を発信することで情報が集まる

ジャニーズ好きを公言するようになって感じたのは、好きなことを「好きだ」と発信することで始まることがたくさんあるんだな、ということです。

アナウンサーという職業に従事しているからこそ、なおのこと**情報は発信している人の近くに集まってくる**というのを強く感じます。ジャニーズが好きだと発信したことで、それが輪のように広がって、「青木さん、ジャニーズのこと、知っていますか？」と聞かれることが増えました。そこで知らなければ、教えてもらえます。

自分：私、ジャニーズが大好きなんです！

同僚：そうだったんですね！　私は嵐のファンで、特に「ワイハ」が好きなんです。

自分：「ワイルド アット ハート」いいですね！ 足を高く上げる振り付けがかっこいいですよね！

好きという気持ちに年齢や性別は関係ない

今は好きなことを好きだと発信しやすい時代です。誰もが使えるツールとしてＳＮＳがあるし、生き方、考え方も「自分なりでいい」という時代になってきています。性別も年齢も関係なく、好きなことがあるなら、それを発信してみてください。

また、なにかを「好きになる」ということは一方的なものではありません。**好きになれるものを見つけたら、自分のことも好きになれる**んです。そのため、好きなことが増えていくと、**自己肯定感が高められてストレス社会のなかでも自分らしく前向きに生きる**ことができます。スポーツでもエンタテインメントでも、アイドルやアニメなど何でもよいですが、自分はこれが好きなんだというものを見つけ、周囲に伝えていくことが、僕は大切だと思います。ビジネスシーンでも、そう周囲に伝えておくことで、それにまつわる仕事を任せられることになることがあるかもしれません。

1対1

#39 「好き」を伝えるときは気持ちを押し付けない

引かれない程度に熱意を伝えるコツ

好きなことについて伝えるときは、滑舌よく流暢に話す必要はありません。早口になってしまっても、相手に熱意が伝わるのであれば、それはそれでよいことです。

ただし、注意しなければいけないのは、**相手と自分の温度差を気にかけること**です。聞かれてもいないのにマニアックな話を早口でまくし立てると、相手はうんざりしてしまいますよね。

最も望ましいのは、**相手から「あなたが好きなこと」について質問されたときに、向こうの興味関心に合わせて答える**ことです。質問を投げかけてきたということは、ある程度関心をもってくれているということ。それを踏まえて、相手が興味のある分野も加えて話をすると会話も盛り上がります。

相手：○○ってアイドルの新曲がこの前テレビで流れているのを聴いたよ。すごくいい曲だったけど、曲名を忘れてしまって。

自分：△△って曲だよ！　今度公開される映画の主題歌で、映画の雰囲気と○○の曲調がよく合っていると思うな。

また、相手が共感しやすい返し方ができれば、会話が弾みやすいでしょう。たとえば、**数字を使って語ることで、内容がより伝わりやすくなります**。

「今まで出たCDは全部買っているんだ」と言うよりも、「シングルのCDだけでも90枚近く買っていて……」と具体的な数字を出すと、「すごいね！」と相手にその熱意が伝わります。

ただし、これも無理に伝えようとすると、うんざりさせてしまいかねません。相手と自分の温度差を気にかけて、熱意を押し付けすぎない会話をするようにしましょう。

1対1

#40 「自分の話」ではなく自分のフィールドで話す

自分が話しやすいフィールドで話す

会話をするときは基本的に、**自分の土俵（フィールド）に上がってきてもらうほうが話しやすい**です。

たとえば、メディア業界への就職を希望している学生が、面接官にいくらテレビ論やメディア論の話をしても、相手のほうが詳しいので、相手のフィールドになってしまいます。難解なことを指摘されて生き生きと話せないケースが多いです。

スポーツが好きな人なら「何かスポーツはやっていますか？」と聞いたり、仕事柄いろいろな地方に行く人は「出身はどこですか？」と聞いたりするなど、それぞれ**自分の話しやすいフィールドで質問すると、どんな答えが返ってきても、ある程度話を広げられます。**

会話の広げ方を工夫する

また、今の時代、**事前情報がまったくない〝完全に初対面〟という場面に遭遇することは少ない**でしょう。取引先の担当者とはじめて会うときでも、相手の企業について、インターネットで調べることができます。

調べた結果、たとえば取引先が入っているビル周辺がよく知っている場所なら、「何年くらい前から、このビルで営業しているんですか」と聞いたり、「この辺りはおいしそうなラーメン屋さんが多いですね。よく行くお店はありますか」と聞いたりすると、自然に会話を広げることができます。

初対面の相手と話すときは、会話が手探りの状態になりがちです。しかし、どんな相手との会話でも、話が一方通行になるのはよくありません。かと言って、相手が興味をもっていないかもしれないけれど、自分自身は興味がある、知っている事柄を延々と話していては、相手は退屈します。逆に、相手の興味があることを聞いても、自分にその知識がなければ、「そうなんですか」といった相槌を繰り返してしまうことになります。

そのために、**相手に話をしてもらいやすく、かつ自分も話をしやすいテーマとして、「自**

分のフィールド」で質問をするのです。相手も、こちらがよく知っているということがわかれば、いろいろと話をしてくれます。仮に相手が話したくなさそうにしているのを感じ取ったら、そこで会話を終わらせればよいだけです。再度、自分のフィールドで別の話をすれば問題ありません。

自分：出身はどちらなんですか？

相手：福岡県です。

自分：福岡市は出張でよく行くんですよ。支店のある久留米市にも寄るので、出張の際はだいたい博多でうどんを食べて、久留米でラーメンを食べています。

相手：そうなんですね。福岡はうどんもおいしいですからね。そう言えば、博多駅にある〇〇といううどん屋が――

自分のフィールドで話をする

✕ 自分の話をする

私はサッカーが好きなんですけど、特にこのチームを応援していて、この前も……

（興味ないな……）そうですか

相手が興味がなければ続かない

◯ 自分のフィールドで質問する

・自分がスポーツが好きなら……

何かスポーツはやっていますか？

高校のときに野球をやっていました

野球、いいですね！　僕はスポーツ観戦が好きなんですが、好きなチームとかありますか？

うーん……最近は全然ですね

学生時代は何かされてたんですか？

・自分が映画が好きなら……

最近映画を観ましたか？

先週〇〇を観ましたよ

僕も観ました！
おもしろいですよね

最近は全然観てないですね

この前公開された〇〇主演の映画、おすすめですよ

1対1

#41 自分の状況を話してから相手に聞く

まずは自分の話からする

初対面であったり、まだ会って間もない人との会話では、どこまで突っ込んで話したらよいのか、距離感の縮め方に悩んでしまう人も多いのではないでしょうか。あまり深く突っ込んでしまうのは要注意です。仲良くもないのに、ズカズカと踏み込まれているように感じて、不快に思う人もいるでしょう。

もし**突っ込んだ話を聞きたいのであれば、まずは自分のことを話す**ようにしてください。「私はこう思うのだけど、あなたはどう思いますか？」「私はこういう状況だったのだけど、あなたは今どういう状況ですか」という聞き方であれば、相手も自分の情報だけを抜き取られたような嫌な気持ちにはなりません。

自分：3カ月前に地方から上京してきたばかりで、まだあまり慣れていないんだ。○○さんはずっとこっちで暮らしているの？

相手：出身は関東だけど、大学に入学するときに一人暮らしをはじめたんだ。だから実はあまり土地勘がなくて……。

自分：路線の乗り入れが複雑で混乱するよね。そんなことない？

誰だって話したくないことはあると思います。初対面であればなおさら、〝言いたくないこと〟の範囲は広いものでしょう。そもそも、そのラインが自分の想定外のところにあることもあるでしょう。普段の生活にまつわるプライバシーに近い話をするときは、まず自分の話をすることをおすすめします。

会話以外にも、相手の表情や呼吸、飲み会の場であればドリンクの量など、その場の情報からも相手との距離感を掴むヒントを得るようにしましょう。

1対1

#42 質問こそが相手と距離を縮めるきっかけ

質問を投げかけることの役割

相手と距離を縮めるときによい足がかりとなるのが「質問」です。質問をすると相手の情報を知ることができるので、共通項を見つけやすくなります。さらに、質問をすることで、**あなたに興味があるという姿勢を相手に伝える**ことができます。野生の動物と同様にまず、敵意がない・害意がないことを伝えるのはとても大切なことなのです。

質問の答えで相手との距離感をはかる

質問の回答から、相手との心の距離感をはかることもできます。

たとえば、**自分の質問文よりも短い答えが返ってきたら、それ以上会話は膨らまない**ものです。あまり話したがっていないようであれば、質問を別のフィールドに変えてみましょう。112ページでお伝えしたように、会話をいったん切るのも手です。反対に、自分の質問に対する答えが長いときは、話したい気持ちがあると考えてよいでしょう。同じフィールドの質問を続けてみましょう。

質問に対する「返答」は、相手との距離感をはかるためのよい判断材料になります。

episode 12

食事をすると仲が深まる

脚本家のジェームス三木さん曰《いわ》く「一緒にご飯を食べると、仲が深まる」とのこと。感覚的にはわかる話ですが、理由を聞いてなるほどと思いました。なぜ仲が深まるかというと、基本的に動物というのは、普段食べ物を奪い合って生きていきます。それを2人で分け合って食べることで、仲が深まるのだそうです。距離を縮めたい相手を食事に誘ってみるというのは、本能に沿った適切な行動なわけですね。

1対1

#43 失言は場をあらためてすぐにフォローする

大勢の人と話すときと1対1で話すときの違い

1対1で話すときは、**話し相手が何を聞きたいのか、何を話したいのか、しっかり把握する**ことに注力しましょう。大人数に対しての場合は、なるべく多くの人に理解してもらうことが第一になりますが、1対1で話すときは、目の前の相手の気持ちに寄り添うことが優先されます。

たとえば相手の服装や近況に触れるときも、相手の様子を伺いながら、反応がよければ深掘りし、あまり触れてほしくなさそうであれば別の話題に切り替えましょう。

相手の気持ちを把握するうえでは、会話の内容だけでなく、相手のしぐさにも気を配るとよいです。相手の視線や表情を見ながら、気持ちを確認するようにしましょう。

後からになっても謝罪は必ず行う

相手の反応によっては、会話を終えたあとに「あの発言は、失言だったかも」「怒らせてしまったかも」と思うことがあります。その場で弁解するに越したことはありませんが、**その場でうまく伝えられず、相手と別れてしまった場合には、後で必ずフォローするようにしましょう**。

たとえば、メールや電話などで謝罪します。これは相手のためでもあり、自分のなかのもやもやを晴らすためでもあります。特に**メールなど文字で伝える場合は、自分の気持ちをしっかり整理してから伝えられるというのがよいところ**です。ときには相手が誤解しただけという状況もありますが、そのような場合でもあらためて状況を整理して説明できるので、誤解も解きやすくなります。また、多少長くなってしまったとしても、それだけ反省しているということが伝わります。

ポイントは、**できるだけ早く謝罪する**ことです。謝るまでの時間が長ければ長いほど言いにくくなりますし、相手が本当に怒っていた場合、その怒りが時間とともに増幅されてしまいます。

1対1

#44 ストレスをためない会話の切り上げ方

最初の一言が肝心

会話を切り上げることが苦手な人は、**あらかじめ相手に、自分の予定を話しておくとよい**でしょう。

飲み会で会話が盛り上がって、「このあともう一杯飲みにいかない？」と言われたとき、相手は「もちろん行くだろう」と期待して声をかけてきています。それを断るのは、気まずい雰囲気になってしまい、ストレスを感じてしまいますよね。

最初に「今日は○時までに帰らなきゃいけないんだ」と一言伝えておけば、お互いの間で今日のスケジュールが共通認識となり、会話を切り上げやすくなります。

同僚：お疲れさま。今晩いつもの居酒屋に飲みにいかない？　いろいろ相談したいことがあってさ――

自分：いいよ。だけど明日は朝早くから予定があるから、21時までなら付き合えるけど、それでもいい？

いつも話が長くなりがちな先輩から「ちょっと話があるんだけど、時間ある？」と声をかけられたときも、その日の予定を先に軽く伝えておくとよいです。たとえ数時間先の話であっても、「今日は15時から予定がありまして、それまでであれば」と伝えておけば、「そんなにかからないよ」と軽く笑ってくれるものです。

また、お互いに会話の締め方が曖昧になってしまい、ズルズルと会話が続いてしまっているようなときは「後ほどこの件について、またお話しさせていただけますか」といったフレーズで終わらせるとよいでしょう。話したい気持ちはあるけど、また今度ゆっくり話をしたいといったニュアンスで会話を終わらせることができます。相手も、「そうだね、また今度ゆっくりと」と言ってくれて、会話を切り上げるストレスから解放されます。

1対1

#45 次につながる会話こそがよい会話

その場限りの会話は〝よい会話〟といえない

明るい雰囲気で会話をする自信がない……。つまらない時間だったと思われているのではないだろうかと不安に思う人もいるでしょう。しかし、和気藹々《わきあいあい》とした会話だけがよい会話というわけではありません。楽しい雰囲気を共有できたことはよいことですが、**次に会ったときに「この前こんな話をしましたよね」と双方が覚えている会話も、よい会話**と言えるでしょう。

大きな声で話している人を見かけると会話が盛り上がっているように感じるかもしれませんが、声量の大きさは関係なく、**あなたが話したことを覚えてもらい、そのことであなたの人となりを覚えてもらうことが、充実した会話**と言えます。

そのためにも、会って話す前にひとつ準備しておくとよいでしょう。

スポーツ実況では、記憶に残るアナウンサーの名フレーズが生まれることがありますが、そのほとんどは事前に用意してきた言葉であることが多いものです。**用意していたフレーズが、その場の状況にがっちりハマっていたため、多くの人の記憶に残る**のです。準備してきたことを無理に話そうとするのではなく、会話の流れでここだと思うところで話すようにしましょう。

episode 13

情報を詰め込みすぎない

情報は詰め込めば詰め込むほどよいというものでもありません。情報を詰め込みすぎず、ある程度余韻をもたせたほうが、相手の記憶に残りやすいものです。天気予報のコメントでも、10秒間あるうち、早口で10秒間きっちり情報を詰め込もうとするキャスターはいません。7秒話して3秒余韻をもたせるほうが、視聴者の記憶に残りやすいのです。

1対1

#46 仲間とは愚痴とともに志を共有する

「愚痴」で生まれる絆もある

ネガティブな話なのに、ついつい口にしてしまう「愚痴」ですが、会話のなかでは愚痴が盛り上がったり、それがきっかけで人と仲良くなることもあるでしょう。

愚痴というとマイナスのイメージが強いですが、まったく悪いものというわけではありません。ストレス発散は必要ですし、**愚痴が言い合えるというのは、つらいことや理不尽なことを共有できる相手がいるということ**です。このような仲間と一緒に苦難を乗り越えることができれば、人間関係が深まるのは必然です。

愚痴を言うことそれ自体より、愚痴を言い合える仲間がいることを大切にしたいですね。

自分：先輩に「資料ができたら持ってきて」って言われて渡したら、「できる前に一言相談しろ」って怒られたよ。

同僚：そうだね。あの言い方はないよ。せめて私たちはそういう言い方をしないようにないとね。

「愚痴」を未来に活かす方法

なかには、愚痴に時間を費やすことはもったいないという人もいます。確かに、愚痴にさく時間があまりにも多くなってしまうと、それはとても不健康なことです。飲み屋で愚痴を言い合って盛り上がるときも、それだけで終わらずに、**その後の志を共有できるとよい**のではないでしょうか。

さらに、自分たちの行動指針を見つけることも大切です。「自分が先輩にやられて嫌だったことは、自分が先輩になったときに後輩にするのはやめよう」といったように、**自分たちの行動指針が生まれると、愚痴を言い合った時間が有益なものになる**と思います。

1対1

#47 他人に注意するときは第三者を交える

相手の心情に配慮する

相手に不手際があって注意しなければいけないとき、どのように伝えるのが正解なのでしょうか。

相手が目下の人でも、目上の人でも、第一に配慮したいのは**みんなの前で注意しないこと**です。

昔は、みんなの前で注意をすることが当たり前といった風潮がありましたが、今はそうではありません。人前で叱ることは、相手の自己肯定感を下げてしまうというリスクをはらんでいます。

とは言え、2人きりで話すことも、いろいろなリスクを持っています。「あのときこう言った」「いや、言っていない」というように、言った言わない論争が起こりやすくなるのです。

そのため、**注意するときは、場所を変えて、かつ第三者を交えつつ話すこと**がよいでしょう。第三者は、2対1で注意されると相手に思われるような人は避けるべきです。また、部屋で話しているけど、ドアは開けたままにしておく、スマホで録音されてもよいという前提でいるくらいの気持ちで話をしたいところです。

人の名前を借りて注意しない

注意するときには、使わないほうがよいNGワードというものもあります。たとえば、「お前のためを思って言っているんだ」という言葉は、それが本心であったとしても、言わないほうがよいでしょう。聞いている側は、「そんなこと言って、結局自分のためじゃないのか」と受けってしまうからです。

また、その場にいない**第三者の名前を使って注意することはやめましょう**。「私はいいんだけど、あの人はそういうの嫌いだと思うよ」というふうに、他人の名前を使った虎の威を借るような発言は、あなた自身が行う注意の説得力を減らすものと認識しておいたほうがいいでしょう。

1対1

#48 ダメなところは否定しても その人の人格は否定しない

ミスと人格はまったく別もの

注意をするときに特に気をつけてほしいのは、当たり前のことではありますが、**相手の人格を否定しない**という点です。

部下や後輩が仕事でミスをしたときに、「だからお前はダメなんだ」という注意の仕方をしてはいけません。

近年「〇〇ハラスメント」という言葉が盛んに用いられているように、職場の人間関係はとても大切なものです。

良好な人間関係を構築することが個々人の能力向上にもつながるため、相手を注意する際は、指摘すべき仕事の部分と人格の部分を明確に分けて、言葉を選ぶようにしてください。「罪を憎んで人を憎まず」という言葉がありますが、あくまで業務内容でのミスを指摘するのです。

人格否定と捉えられやすい言葉

相手の性格や本質的な部分を否定する言葉は、人格否定と捉えられやすいものです。「頭が悪い」「育ちが悪い」といった言葉や、「君の大雑把な性格のせいでミスが起きたんだ」といった相手の性格、性質を出発点としたミスの指摘の仕方は、「じゃあ、そもそも、いくら私がやっても無駄ということじゃないのか？」といった相手の反発を買いやすいものです。また、生まれもった身体的な特徴を指摘することも同様に人を傷つけ、何の進展もないので、やめましょう。

注意することの本当の目的は、ミスを指摘することで行動を改善して、相手を成長させることです。

ミスを指摘するというのは、本来であれば相手にとってプラスになるコミュニケーションのひとつのはずですが、言葉を誤ることで、相手を傷つけてコミュニケーションを悪化させてしまうのはもったいないことです。

1対1

#49 目下の人に注意するときは「自分も昔は」から始める

自分の過去を棚に上げずに話す

注意の仕方のコツとして、僕がアナウンサーの後輩から学んだのは、「自分も昔は全然ダメだったんだけど」と言ってから正すべき部分を指摘すると、相手が話を聞いてくれるということです。

頭ごなしに叱るよりも、**自分も昔はできなかったと親身になることで、後輩は話を聞いてくれる**ようになるわけです。

確かに、自分が〝後輩〟だった頃を思い返すと、自分の過去のことを棚に上げて注意してくる人に、とても腹が立っていました。せっかくミスを指摘しているのに、相手は腹を立てるだけで真剣に聞いてくれないというのは困りますよね。

それを防ぐためにも、「自分もできないときはあったんだ」といった内容の〝枕詞〟を入れるようにしましょう。まず共感していることを伝えることで、より自分の気持ちが相手に届きやすくなるのです。

自分：私も昔、同じ失敗をしたことがあるんだ。だからこそ、後輩たちに同じ失敗を繰り返さないように、話をしておければと思って。

後輩：先輩も以前はできなかったんですね。どういうふうにして、その仕事ができるようになったんですか？

実は冒頭の言葉は、後輩の山本紘之《ひろゆき》アナウンサーがその後輩に注意している場面にたまたま遭遇したときに聞いた言葉なのです。後でどうしてそういう言い方をするのか本人に聞いたら、「このほうが伝わると思って」と言われて、なるほどと思いました。

後輩に対して、どうしたらより伝わりやすいかのヒントは、後輩との会話のなかにあるものです。

1対1

#50 お酒を飲みながら説教をしない

注意するときは素面の状態で

注意するときは「ちょっと話があるんだけど、飲まない?」と声をかけて、お酒を飲みながら腹を割って話そう、という考えの人もいるかもしれません。

ですが、僕はその方法は絶対にとりません。本当に注意しなければいけないことは、しっかりと素面《しらふ》の状態で面と向かって話します。

大事な話をするんだという意識を話す側と聞く側の両方がもつためにも、説教するときは「お酒は飲まない」というルールを設けることはおすすめです。

お酒を飲むと普段と調子が変わったり、記憶が曖昧になる人もいますから、大事な話をするときは、お酒を酌《く》み交わさずに、いつも通りの状態で話すようにしましょう。

お酒の席での説教は愚痴のように聞こえる

以前、普段はやさしいけど、お酒が入ると説教を繰り返す先輩がいました。僕はそれが嫌で、「お酒を飲んでる時にそういう話をしないでほしい」と思っていたんです。

お酒が入っていると、同じ言葉を何回も繰り返してしまうので、聞いてるほうもうんざりします。また、「そう思っているのなら、お酒が入らないところで普通に注意してくれたらいいのに」「お酒の力を借りて、愚痴みたいに言わないでほしい……」と感じて、しっかり受け止めようという気持ちがそがれてしまっていました。

そもそもお酒もまずくなるし、「この人とはもう飲みに行きたくないな」と思われてしまうので、お酒の席での説教はおすすめしません。

仮にお酒の席で仕事の話をするのであれば、仕事に対する情熱や意気込みについての話をするべきです。それができないなら、お酒の席はプライベートの席と割り切ったほうがよいでしょう。

1対1

#51 苦手な相手と話す際は人間らしい部分を探す

何かひとつお土産話を用意する

苦手な人とうまく話せない。でも、どうしても会話をしないといけない……。

そんなときは、「この前は○○の件でいろいろと助けてくださって、ありがとうございました」といったような**プラスの話題をお土産としてもって行きましょう**。何かひとつでよいので、これは絶対に伝えようという話題を事前に用意することで、スムーズに会話をすることができます。プラスの話題であれば、会話のネタに困らないだけでなく、人間関係を明るくすることもできます。ポジティブな話題を自分から提供しましょう。

また、目上の人と話すときに、相手の肩書きや実績などのバックボーンが見えて、いつもよりさらに緊張してしまうこともあるでしょう。

そんなときは、**相手の人間らしいところを探して気持ちを和らげるとよいです**。「シャツに少しシワが寄っているな。アイロンをかける時間がなかったのかな」など、相手の人間らしさを感じる部分を見つけてみてください。

episode 14

相手のつむじを見てホッとする

V6の井ノ原快彦《よしひこ》さんは、偉い人と話すときは、相手のつむじを見るようにしているそうです。なぜかと言うと、どんなに厳格な人でも、つむじを見ると「この人も私と同じ人間なんだな」と思えるからとのことで、とりわけかわいいつむじの巻き方をしているときは、なんだか心がホッとするそうです。話を終えて、振り向いて歩いていく様子を見送る際につむじを見ながら、「あのつむじ、本人には見えていないんだろうな」と考えると話をされていて、飄々《ひょうひょう》と生きている井ノ原さんらしい感性だなあと思って、強く印象に残っています。

1対1

#52 聞く価値を上げて話に興味をもってもらう

聞いてほしい話を伝えやすくするテクニック

聞いてほしい話があるときは、話の前置きを工夫することで話に興味をもってもらいやすくなります。

「こんなこと、○○さんにしか話せません」「誰にも言ったことないんですけど」といった**「あなただからこそ」という前置きを入れると、相手にとってこれからする話の聞く価値が上がります**。

相手にしっかり聞いてほしい、相手からきちんと回答をもらいたい、相手との距離感を縮めたい、そんなときは、嘘にならない範囲で、こういった前置きを入れてみるとよいでしょう。「言いにくい話を、自分に言ってくれたんだ」と思うと、相手もしっかりと受け止めなければという気持ちになります。

自分：誰にも言っていないんだけど、まず、あなたの意見が聞きたくて。実は私、転職しようか悩んでいるの。

相手：（特別な話を私にしてくれるのか。できるだけ力になってあげたいな）私も転職経験あるから相談に乗るよ。

ただし、相手にしっかり聞いてもらおうと、**前置きが長すぎて、何が言いたいのか伝わりにくくなってしまう**という問題も発生しがちです。前置きや予防線が長すぎると、聞いているほうは本筋に入る前に「何が言いたいの？」とわからなくなってしまいます。

率直に言うのがはばかられるのか、もしくはできる限り正確に伝えようと意識するあまりか、「例外もあるんだけど、それに反対意見を主張する人もいるんだけど、でも私としてはあなたの考え方がいいと思っていて……」などと、長々と話してしまうようなケースです。わかりやすさを重視して、シンプルに伝えるようにしましょう。

興味をもたせる前置きをつける

● 話す対象を限定して特別感を出す

- まだ誰にも言っていないんだけど
- あなただから話すんだけどね
- ここだけの話……
- あなたのこと信頼して話すね
- 誰にも言わないでほしいんだけど
- あなたには言っておきたくて

● 相手の意見を求めていることを伝える

- どう思うか教えてほしいんだけど
- あなたならわかってくれると思うんだけど
- あなたの意見を聞いてみたくて
- 詳しい人ならわかるかと思って

PART 4

大人数で会話が弾む
盛り上げ方

大人数

#53 周りを盛り上げると自分も話しやすくなる

積極的に反応することで自分も話しやすくなる

「話しやすい空気」をつくるためには、**相手のほしがっているリアクションを積極的にしてみましょう**。たとえば、ここが笑いどころだと思ったところで少し大げさに笑う、和やかな話をしていたら笑顔で頷く、真剣な話であれば強めに相槌をうってみるなど、相手が期待している反応をするのです。

聞いている人が思い通りの反応をしてくれると、話す側も気分が乗り、話しやすくなります。そして、話し手が気持ちよく話し、ほしかった反応がもらえて、さらに気分が乗る、という好循環によって、全体の雰囲気をよくすることができます。

また、ほかの人にとって「話しやすい空気」であるということは、その場にいる自分にとっても同じです。そのため、聞き手として積極的に反応することは、自分の話を聞いてもらう土壌をつくることになり、話し始めるハードルが下がります。**積極的にリアクションをするのは、相手のためだけでなく、自分のため**でもあるのです。

話し始めるときに、周りの人がどう反応するか不安でいるときよりも、「きっと笑ってくれるだろう」とわかっているときのほうが安心して話せますよね。**その場で何が話されてもおもしろく感じる、という空気**をつくってしまえば、自分が話し手に回っても、自信をもって話すことができるというわけです。

その場の空気で話のおもしろさが変わる

おもしろい話をする番組と言えば、『人志松本のすべらない話』（フジテレビ系列）が挙げられますが、あの番組のよいところは、出演者の話術の能力の高さはもちろん、すべらない空気を出演者全員でつくり上げているところにあると思っています。そのため、みんな自信をもって話し、結果おもしろくなる。

バラエティ番組の収録は過剰とも思えるほどに笑うのですが、現場にいると実際に楽しくなってきます。会話の盛り上がりというのは、話す人以上に聞く人次第なのです。

大人数

#54 話に参加したいときは まず話題に乗っかってみる

できるだけ早いタイミングで発言しておく

複数人で話をしているとき、自分以外の人が話しているところになかなか入ることができないという人も多いでしょう。そんなとき、タイミングよく会話に入るにはどうしたらよいのでしょうか。

まず、**会話に入るタイミングは〝できるだけ早く〟**が重要です。早い段階で一言でも発しておくことで、自分の存在や「私も話に参加したいです」という気持ちをアピールできます。長時間話さずにいると「この人は話す気がないのかな」と思われてしまい話を振ってくれなくなる可能性がありますし、自分にとっても発言をする際のプレッシャーが大きくなってしまいます。

「そうだね。その話おもしろいね」など短い相槌でもよいので、早い段階で会話に入っておくと気持ちがグッと楽になります。

話題に関連した自分の話をする

会話に入るときは、今の時点で出ている話題に乗っかるのがいちばんです。無理に話題を変えたり、新しい話題を始めるのは難易度が高く、不自然になりやすいでしょう。それよりも、すでに話されていることに対して「そうなんだよね」「自分もこんなことがあって」と、話題に沿って入るのがよいでしょう。

会話に乗るポイントは、まずは**話題のなかから自分に関係のある要素を見つける**ことです。共感できる、自分にも経験があるといった話をもとにして話題に乗れば、新しく話題をつくらなくても、自然に自分の話ができるようになります。「私もそう思う」「私の場合はこうだった」「私も似たような経験があった」という自分との共通点を探し、相槌をうつように話し始めてみましょう。

「今話されている話題に乗る」というのは、自分が入りやすいだけでなく、すでに話をしている人たちにとっても嬉しいものです。なぜなら、相手からしてみれば自分たちが話し

話に参加するときの３つのポイント

❶早いタイミングで声をかける

「その話、とてもおもしろいね！」

「それってもしかして、〇〇ということ？」

❷話題に乗っかる

「わかる、わかる！　私もこの前……」

「私もそう思う。そういうのって……」

❸話しやすい人に声をかける

「〇〇さんの話に似た経験を私もしたことがあって……」

「ということは、〇〇さんもこういう経験したことがない？　昨日の……」


ていることに対して反応してくれたということですし、それをきっかけに話が膨らむことも期待できます。一から火をつけ直すよりも、もとからある火に燃料を加えるほうが簡単で、お互いにとってメリットがあります。会話に薪《まき》をくべるイメージで参加してみましょう。

また、誰に話しかけるかも会話に入るコツのひとつです。厳しくつっこんできそうな人よりも、やさしく返してくれそうな人のほうが、会話は続けやすいですよね。話に入るときは、話しやすそうな人を選んで、その人の話に乗っかるとよいと思います。

大人数

#55 各人の話の流れを把握し声を出すタイミングを掴む

周囲の呼吸の合間を掴む

話し出したいけど、声が通るかわからなくて心配で話せない……。そんなときは、タイミングを見計らって発言しましょう。

当然ながら、会話のなかでいちばん声が通るのは、誰も喋っていないときです。**人の発言と発言の間に割って入ることができれば、無理に声を張らなくても周りは聞いてくれます**。人の話し方やペースをうまく捉えて声を出しましょう。

人は必ず、話すときに息を吐き、そしてそのあと息を吸います。その呼吸の間《ま》を見計らうと、誰も喋っていないタイミングを掴むことができます。

これはさすがに名人芸の域とも言えますが、テレビ番組で大物MCと言われる人は、総じてこの呼吸の見極めに長《た》けています。誰かが息を吸ったのを見て、この人はこれから話そうとしている、ということを把握するのです。話を聞きながらそれぞれの話の長さ、呼吸のリズムを感じとって、誰がどのタイミングで話すかを考えながら話を回していきます。

会議などで話が進んでいくときは、各人の呼吸を読むのは少々難易度が高いとしても、誰がよく話して誰があまり話していないのかということや、それぞれの話の長さ、たとえば「この人はこういうふうに話を終えるな」「この人は話を終えたあとに周囲に同意を求めるな」といったことを把握しましょう。

「話したい」気持ちをアピールする

まずは、自分が「話す側」に入ることが大切です。会議などでは、一言も話さない人がいても問題なく話が進むこともあります。そのため、話さない人は話さない、話す人は話すというふうに、役割が固定された空気になってしまうことがあります。

いったん「話さない人」と認識されると、話し出そうとしてもそれを周囲に気づいてもらえず、間ができません。「その件は、私もそう思います」など話の流れに沿った相槌を**なるべく早めに一言でも発言し、「話す側」に入っておきましょう。**

周囲に「この人は話す人だ」と思われれば、そのあとも自然に話しやすくなりますし、タイミングも読みやすくなります。

手を挙げて話す意思表示をする

会議であれば、挙手をするのもひとつの手です。特に司会がいる場合であれば、黙って手を挙げることで、自分が次に話したいということを伝えることができます。

議論が活発になると、自分が話すことで話の流れを止めてしまうのではないか、と躊躇《ちゅうちょ》してしまいがちです。そんなときに、**割り込むのではなく手を挙げて意思表示をすることで、周りに話すタイミングをつくってもらう**のです。

この方法は、会話の流れに合わせて発言をコントロールできるため、司会にとっても議論をスムーズに進める助けになります。

手を挙げるタイミングは、ほかの人の話の流れを見て、話と話の間を狙うわけですが、声を出すタイミングに比べれば実践しやすいのではないでしょうか。

大人数

#56 「それで言うと」の一言で無理なく会話に入る

会話の合流部分の合い言葉

会話に途中から入るときの第一声がわからない、いきなり話しかけてよいのか、何か前置きはないか――。そんなときに使えるのが**「それで言うと」というフレーズ**です。

ここまでお話ししてきたように、**会話に入るときは話題について共感したり、その話題に関連した、自分の立場で話せることを話していく**のがいちばんです。

しかし、せっかく話題に関係あることを話そうと思っても、出だしが唐突になってしまうと、不自然な印象を与えてしまいます。よく聞いたら関係のある話だったけれど、話し始めた時点では「何の話？」と誤解を与えてしまうかもしれません。話を広げる前に「それで言うと」と一言添えるだけで、そのような事態を避けることができます。

いきなり自分の話を始めるのではなく、「それで言うと」を挟むことで、自然に前の内容とつながります。もとの会話の内容の言葉を捉えて、それに関連することを話していけば、相手もさえぎられたと思わずに話を聞いてくれるでしょう。

Aさん：この前、新宿駅で迷子になって、1時間も遅れちゃったの。

Bさん：駅のなかが迷路みたいでわかりにくいよね。

自分：それで言うと、私も、大阪に行ったときに、梅田駅で迷ってしまって。はじめて行くターミナル駅は迷路みたいだよね。梅田駅の場合は――

会話を高速道路にたとえると、「それで言うと」は合流部分。いきなり本線に入ってくるよりも合流部分があることで、衝突を避けて、スムーズに入ることができるわけです。

これから自分の話をしようとしていること、今までの会話と関連する内容を話すということを示すことで、相手を不快にすることなく自然に会話に入れます。

大人数

#57 リアクションを返すまでが「話を振る」ということ

「話を回す力」とは

司会者として、その場の話を回していくうえで僕がいちばん気をつけているのは、**話を聞きっぱなし・振りっぱなしにしない**ということです。

これは若いときの失敗からずっと意識していることです。ある番組で司会をしていたときに、ゲストの方に話を振って〝ボケて〟もらったものの、僕自身はリアクションをしなかったことがありました。そのときは一瞬の沈黙のあとで笑いが起こったので、これでよいと思っていました。しかし、収録後に共演者の方に「自分が振ったら自分で回収しないといけない。人にすべらせて笑いをとるのは成功したことにならない」と指摘されて、自分の対応に問題があったことに気づきました。それ以来、誰かに話を振ったら、それを回収するまでが話を回す人の役割だと肝に銘じています。

それを意識してテレビ番組を観てみると、大物MCと呼ばれる人はみなさん、話の回収を確実に行っています。たとえば、上田晋也さんや加藤浩次さんのように、話がどんな方向にいってもまとめてくれる人がいることで、誰も置いてけぼりにならずに会話を進めることができます。ただ話を振るだけでなく、**聞いた話をきちんとまとめて話として成立させる力こそが、会話を回す力**なのです。

もちろん、司会だけではなく、普段の会話でも同じです。ただし、「話を回そう」と大げさに考える必要はありません。まずは、**自分が誰かに話を振ったら、周りの誰よりも率先してリアクションをとる**ことを意識してみましょう。話を振られたから返したのに、それに対して無反応だと相手も居心地が悪いですし、安心して話せなくなってしまいます。

まとめることでつまらない話もおもしろくなる

適切なリアクションはその場によって異なりますが、円滑に場を回していくのにいちばんなのはやはり「まとめる」ことです。テレビ番組でよく観る〝いじり〟〝すかし〟は、かなりの高等テクニック。相当な信頼関係や、芸人さんのような技術がないとできません。

それよりも、発言に対して、「そうなんだ」で終わらずに、「それってこういうことだよね」とまとめてあげると、話す側も安心して話すことができます。

「まとめる力」があれば、相手の発言がどんなものであっても、うまく回していくことができます。たとえば、相手の話が締まらないと思ったら、関係のある話につなげて話を膨らませたり、話が散らかっていたら話をまとめ直すなどしてみましょう。

episode 15

関ジャニ∞の村上信五さんの「まとめ力」

村上さんはMCの技術がとても高いです。共演した際に、僕が話したエピソードが弱く、そのままではつまらない話として終わってしまうところを「そう言えば俺たちのメンバーもそうで……」と話を広げてくれたことがありました。僕の「つまらない話」を「おもしろい話」として成立させてくれた、村上さんの「まとめる力」に感動しました。

大人数

#58 自分の興味があるところを引き出しつつまとめる

どこがおもしろかったか伝えてみる

複数の人たちがいる場で話を回していくうえで重要な「まとめる」という行為ですが、いきなり聞いた話をまとめるというのは難易度の高いテクニックと言えます。会議など、あらかじめ話の方向性が決まっているものであれば、それに沿った内容を取り出してまとめればよいですが、もっとざっくばらんな会話では目指す方向がありません。

そんなときは、話をまとめず、自分が興味のある部分を伝えるだけでもよいでしょう。相手の話を聞いて、おもしろいと思ったこと、今まで知らなかったことなどを、「これがおもしろいと思った」と伝えます。このような感想は、話している人にとっても嬉しいものです。

その場で感想が浮かばない、うまく言えなかったという人は、後で整理してから伝えるのも手です。コミュニケーションは、その場だけでなく、会話の後も続いています。帰宅後にメールなどで、「この話に感激したよ」「○○の話がおもしろかった」と送信すれば、自分の気持ちを伝えることができ、相手に熱意も伝わります。

自分の考えに対して感想をもらうことに好感をもつ人はたくさんいます。**ほかの人が自分の意見に対してどう考えるのかは、話す側にとって大きな価値がある**ものです。すぐに感想を思いつく人、落ち着いて考えたい人とがいますが、どちらにしても、自分の気持ちを伝えることで、相手のあなたに対する印象は大きく変わります。会話の後まで全部合わせてコミュニケーションだと捉えて、自分が興味をもったことを伝えるようにしましょう。

感想を軸に話をまとめる

自分の興味や感想を伝えることはまとめる力にも応用できます。相手が話している内容のなかで、自分がいちばん興味があるところを引き出してきて、それについてまとめます。感想を伝えるのと同じように、「ここがおもしろかった」と伝えることで自分の興味を示しながらまとめることができます。

ただ感想をまとめるにしろ、伝えるにしろ、自分の興味というのが相手の話を聞くうえでのポイントになります。

普段から相手の話に対して感想が浮かんだらこまめに伝えるようにしていれば、その場の会話だけでなく、人間関係にもよい影響を与えることができるのではないかと思います。

episode 16

話に対する感想には「価値」がある

学生時代に『朝まで生テレビ！』（テレビ朝日系列）の番組制作のアルバイトをしていたのですが、そのなかでパネリストの方を招いて勉強会を行ったことがあります。勉強会のお礼にお話に対する感想を送ったのですが、自分の話に対する学生からの感想は普段聞くことがないし、特に若い人がどう思っているのか知ることができて嬉しいと仰《おっしゃ》っていました。話し手にとって、人の反応や意見にはお金に代えられない価値があるのです。

大人数

#59 時間が限られる会議は全体でバランスをとる

全体的に見たバランスが大事

時間は限られているのに、長々と喋っている人がいる……。大勢での話し合いでは、時間管理も課題のひとつです。

司会として番組を回すときも、時間の配分には気をつけています。そんなときに大切なのは、番組全体を通してバランスをとることです。

たとえば、あるコーナーで誰かが長く話しているとき、基本的に話の腰を折らないようにします。その結果、そのコーナーはその人しか話ができなかったら、次のコーナーでは話していない人に振るというように、番組全体で各人の話す時間のバランスをとっていくのです。

一言でまとめるように伝える

時間がないということをあらかじめ言っておくのもよいでしょう。「時間がないので」と前振りをしておくことで、話す側も短くまとめたり、会話を締める余裕が生まれます。

自分：Aさん、ありがとうございました。お時間も残り3分ほどになりましたので、Bさん、最後に一言お願いします。

その場その場で話す人や量が偏ってしまっても、会話全体を通してバランスがとれていれば、不快に思う人はいません。

無理に話をさえぎったり、終わらせようとしてしまうと、話している人を急《せ》かしてしまいます。こちらの話の内容よりも時間を気にしているのだなと思われてしまうと、せっかく気を回したのが裏目に出てしまいます。全体の進行を見通しながら振り方を考えること、ときには今とれる時間を伝えて一言でまとめてもらうことでバランスをとることができるでしょう。

大人数

#60 ポジティブな言葉を使うように心がける

自分や周りのためにネガティブな言葉を避ける

多くの人が集まると尻込みしてしまい、与える印象を無難にしようと思うあまり謙遜ばかりしてしまう人もいるでしょう。そうした人こそ意識して、**なるべくポジティブな言葉を使う**ようにしたいところです。

言葉にはプラスの言葉（ポジティブな言葉）とマイナスの言葉（ネガティブな言葉）があります。僕も基本的にポジティブな言葉を使うように普段から意識しています。

マイナスの言葉は周りに気を遣わせてしまう

ポジティブな言葉を使うよう意識するきっかけとなったのは、新人時代にみのもんたさんから伺った話です。

みのさんは、日ごろからあまりネガティブなことを言わないようにしているそうで、天気の話をする際も「暑くてしんどいな」という発言はしないようにしているとのことです。また、朝番組を担当されていたみのさんですが、どれだけ朝が早い番組でも、「眠い」とは言わないのだそうです。

これには2つの理由があります。ひとつは、自分が周りに与える影響です。みのさんほどの立場になると、「暑い」と言っただけで、部屋中どころかビル中の温度を下げるよう、周りの人が働きかけるほどの影響力をもっています。みのさん自身もそれをわかっていて、**周りに気を遣わせてしまうことがないように、ネガティブな言葉は口にしない**のです。

もうひとつは言霊《ことだま》です。古来より、言葉には霊力があり、口にしただけで言葉の内容を現実にしてしまう力があると考えられています。**ネガティブな言葉を口にすると、どうしてもネガティブなエネルギーを引き寄せやすい**のです。

反対に、ポジティブな言葉を使うようにして、明るく過ごしていれば、その明るさは周りで話を聞いているみんなにも伝播《でんぱ》するものです。

そのためにも、ネガティブな言葉よりも、ポジティブな言葉を使って明るく生きていきたいですよね。

とは言え、ときには**ネガティブな言葉が気持ちを切り替えるために効果的**になることもあります。

人と話すときはできるだけポジティブな言葉を使うことを心がけつつ、**たまには自分の不安や心配を誰かに伝える時間をもつことも、心の健康を保つためには大切**なことだと思います。頭のなかでグルグル回っている不安が、口に出して言うことで整理され、解決されたりすることもあるでしょう。

PART 5

相手が驚くほど納得する プレゼン術

表現

#61 不安を素直に打ち明けてハードルを下げる

不安を伝えると相手も寛大な姿勢を示してくれる

プレゼンの場などで第一声を発する自己紹介。緊張するものですが、とりつくろわず**緊張していることを素直に伝える**こともひとつの方法です。話を始める前に「慣れない場で緊張しています」と相手に打ち明けてみましょう。

たとえば、乗り込んだタクシーの運転手さんに「私、新人なんです」と言われたとします。目的地に到着するまでに多少道を間違えられても、「新人だから仕方ないな」と許せるのではないでしょうか。少なくとも、新人だと前もって伝えられた状態とそうでないのとでは、心持ちが変わってくると思います。

人は**「理由がわからない」状態が最もストレスになります**。逆に言えば、プレゼンが進まない理由や、運転手さんが道を間違える理由などが明瞭であれば、受ける側もある程度大きく構えて寛大になれるものです。

緊張の自己申告はクッションになる

はじめの自己紹介で「新人の○○です」と伝えることは、**「この人は慣れていないから、ある程度もたつくのは仕方ないな」と聞き手に思わせる、いわばクッションの役割**をになってくれます。「プロなんだから言い訳するな」という考えもあるでしょうが、聞き手にストレスを与えないためにも、緊張の自己申告は有効でしょう。

僕と桝アナウンサーは新人時代、スポーツ中継の下積みをしており、当時の会社の方針で1年目はテレビにほとんど出られませんでした。「新人アナウンサーの青木源太です」と言う機会が極端に少ないまま、2年目でテレビに出始めてからたくさん失敗をしたという過去があります。

2010年頃に方針が変わったことで、今は新人が朝のニュース番組に配属されることも多くなりました。**新人が〝新人〟という肩書きで仕事をできる期間はすごく貴重で、大切**です。僕たちにはそれがなかったので、少し羨ましいと感じます。

表現

#62 言いたいことを4つに絞りつなぎ合わせて文章にする

箇条書きのメモが自然なスピーチにつながる

プレゼンやスピーチにおいて避けたいことは、伝えるべき事柄の伝え忘れです。漏れなく話をするためには**言いたいことを箇条書きにしたメモを用意する**といいでしょう。

箇条書きのメモを用意することは、自然なスピーチに欠かせない大切なポイントです。「これを伝えたいな」という要素を4つ挙げて、それを接続詞でつないで文章にします。このとき、起承転結を意識すると文章を組み立てやすいです。

頭で物事を理解していれば、箇条書きの言葉も、適切な接続詞を用いてつなげることができます。逆に言えば、一言一句メモに書き起こすのはあまり理解できていないということです。伝えたい内容の本質を理解している人は、箇条書きでもちゃんと文章にできますし、なおかつ話の筋が通っていて伝わりやすいものです。
ニュース番組で記者がリポートをしている場面で、ただ原稿を読んでいるだけの記者と自分の言葉でリポートしている記者とで、聞き手にも違いがわかると思います。プレゼンやスピーチもそれと同じなのです。

episode 17

話す内容は「4つ」に絞る

僕が野球中継の際に持ち込むメモには、試合前に選手から聞いた話を箇条書きにしていました。そしてその内容を適宜実況に入れていきます。たとえば、相手のピッチャーの攻略法を事前に聞いて、その選手がバッターボックスに入ったときに話す、といった具合です。試合前のインタビューを箇条書きにするとき、要素は4つに絞ります。ただし話す時間によって、4つより少なくなる場合もあります。目安は10秒にひとつの要素。情報は、詰め込みすぎると適切に伝わらなくなってしまうからです。

表現

#63 資料にはできるだけ目印を入れないようにする

丸や線は悪い癖となって残っていく

僕の場合、メモは基本的に箇条書きにしていましたが、「続いては○○です」のように次のコーナーの合図になっている言葉（Qワード）は間違えてはいけないため、一言一句書いています。そのような場合でも、資料に線や目印を書き込むことはしません。**「目印がないと読めない」という状況を避けるため**です。

あるとき、鼻濁音（濁音の子音を発音するとき、鼻に音を抜くもの）が不得意な新人アナウンサーが、鼻濁音を含む文言に丸をつけた原稿で原稿読みをしていました。これは新人時代にすすめられるやりかたで、実際自分の苦手な箇所に注意を向けるという点で役に立ちます。ただし、丸をつけた原稿を読む習慣が抜けきらずに、どんなに経験を重ねても目印がない原稿では読めないことにもつながりかねません。

特にアナウンサーは、臨時ニュースなど目印なしの原稿を読む際に弊害が出ます。プレゼン資料も最初は読むための目印を入れても、徐々に外していくとよいでしょう。

episode 18

必要に応じて箇条書きで書き込みを行うことも

僕も原稿には絶対に何も書かないというわけではありません。ＶＴＲを観た後に感想を言う必要があるときには、「こういうことを言おう」というメモ書きをしています。そのため「メモ力」のようなものが身につきました。

たまにＶＴＲを観ているシーンをワイプで抜かれることがあります。そのとき俯《うつむ》いているとカメラに映しづらくディレクターさんが困ってしまうので、顔は画面を見て頷きながら、手元を見ずにメモを取ります。桝アナウンサーをはじめとして、アナウンサーには「目線を外して文字を書く」というスキルが高い人が多いです。

表現

#64 自己を客観視して視野を広げる

「緊張している自分」を俯瞰して

プレゼンやスピーチでは、初対面の人がたくさんいるという状況で話をすることがあります。大人数の前で話をするとき、その敵はずばり「緊張」です。よほど肝が据わっている人を除き、誰だって緊張するでしょう。

そんなとき、自分の緊張を和らげることができる方法は、**自分自身とその場の状況を客観視すること**です。

「今、すごく緊張しているな」「この部屋に30人くらいいるな」「ちょっと手が震えている」など、状況を見つめながら、心のなかで実況してみてください。そうして自分を客観視することで視野が広がり、心にも余裕が生まれます。

言ってみれば、**「緊張している」と感じているようなら、まだ案外と冷静な状態**とも言えます。パニックになっていたら、緊張しているという自覚すらなくなります。「緊張しているとわかるくらいだから、まだ大丈夫」という気持ちで臨んでみてください。

緊張したら部屋の柱の数を数える

客観視するためにおすすめなのが、ゆっくりと周囲を見渡すという動作です。話を始める前に一度、視界に入る人やものを見てみましょう。

僕もそうですが、人は緊張すると視野が狭くなってしまいがちです。ある一点しか見えなくなって、目の前の「緊張」という問題しか考えられなくなります。

そんなとき、一度周りを見渡すことは非常に効果的です。**目の焦点を部屋の奥にもっていき、それから手前に戻す**という作業を繰り返すのです。そうすると、だんだんと部屋全体が見えてきて、広い視野でもって物事を捉えられるようになります。結果、落ち着いて話すことができるようになります。

ほかにもたとえば、会場の柱が何本あるか数えたり、窓の数が何枚あるかを数えたり、話す内容とはまったく関係ないことをしてみると効果的です。

表現

#65 人前で話し始めたら一人ひとりの顔を見ていく

とにかく一点に集中しすぎないようにする

周りを見渡して視野を広げたら、いよいよプレゼンが始まります。話し始めたあとも、僕は**視線を一点に置かずに、聞いている人たち一人ひとりの目を順に見る**ようにしています。多くの人の目を見て話すことでより話が伝わりやすくなり、同時に話し手の緊張もほぐれて視野が狭くなることを防いでくれるからです。

もしも、**話の途中で手元の資料を見たくなったときは、堂々と見るようにしましょう。**

実はアナウンサーであっても、手元の資料とカメラとで視線を切り替えながら話すことは難しいものです。そのため、一定のあいだ原稿を見続けて話すこともしばしばあります。

ですが、みなさんが普段ニュース番組を観ているとき、アナウンサーが手元の資料を見ても、そこまで気にならないのではないでしょうか。

今何をやっているのか伝わるようにする

これも心理的な問題で、**「手元を見る理由」が聞き手に伝わればよい**のです。理由がわかれば、聞き手は資料を確認するのを待っていてくれます。たとえば、電車がトラブルで止まったとき、状況をつぶさに教えてもらえれば我慢ができる人も多いでしょう。

もし話の途中で言葉に詰まってしまっても、「情報の確認をするために資料を見ている」という理由が聞き手に伝われば、大きな問題にはなりません。逆に、こそこそとバレないように見ていると「この人は今、何をやっているんだ?」と思われてしまいます。**単に「見る」のではなく、「堂々と見る」のがポイント**なのです。

また、プレゼンやスピーチでは、数字や引用元の情報などの「間違えてはいけないポイント」が存在します。この場合も、正しい情報を伝えるために資料を見ていることが、聞き手に伝われば何も問題はありません。自分が間違えたくないと思う箇所は、手元の資料をしっかり見ながら話しましょう。その際も一言、「ここは重要なので、資料を確認しながら、お話しします」と伝えてしまうほうがいいと思います。

表現

#66 緊張しているときは普段の半分の速度で話す

ゆっくり話すと堂々として見える

緊張しているときは、話すスピードがどうしても速くなってしまいます。そのため、自分が考える以上にゆっくりと、**普段の半分くらいのスピードをイメージして話す**ようにしてください。少し大げさに思えるかもしれませんが、多少大げさなくらいがちょうどいいです。

早口になりやすい人は、口を大きく開けて話しましょう。口を大きく開けると、母音がきれいに発音できるため、聞き手はとても聞きやすくなります。また、セリフを噛《か》んだり言い間違えることを防いでくれるため、滑舌に自信がない人も、話すときの口の大きさを意識するといいでしょう。

ゆっくり話すことは、**聞き手に「堂々としていて冷静な人だ」という印象を与えます。**話をしている本人が落ち着いていると、聞き手も安心して聞くことができます。特に若い人は、同世代の人と話をするときについ早口になりがちです。プレゼンやスピーチの場では、みんなが聞きとりやすいよう、ゆっくりと話すことが望ましいでしょう。

episode
19

カメラの先におばあちゃんを想像する

アナウンサーはよく「カメラの前にいる人が自分のおばあちゃんだと思って話しなさい」と指導されます。おばあちゃんは耳が聞こえづらいかもしれない、物事を理解するのが少し遅いかもしれない……。つまり、ゆっくり喋らないと、聞きとれないかもしれないという気持ちをもつことが大切です。

僕はその教えに則《のっと》り、カメラの向こう側に僕のおばあちゃんを想像しながら喋っていました。そうすることで、自然と口調がゆっくりになっていくのです。

表現

#67 聞く側の名前を出してひとりで話す負担を減らす

聞き手を置いていかない話し方

話すスピードのほかに、プレゼンやスピーチの場で気をつけたいことは、話のメリハリです。**「淡々と話す」という状況は避ける**ようにしましょう。これは、特にプレゼンターがひとりの場合に発生しやすい問題です。

ひとりで淡々と話を進めてしまうと、聞き手は話についていけていないのに、話はどんどん進んでいく……という残念な結果を招くこともあります。伝えて、納得してもらうための場で、そうした状況は避けたいところです。

そこで、僕がおすすめしたいテクニックは2つ。そのうちのひとつが**聴衆の名前を出す**という手法です。

自分：こちらにいる○○さんも、先日の打ち合わせに出席されていました。そのときに出た案がこちらです。

相手：（えっ!?　ここで私の名前が出されるなんて！）その案については、○○の点でメリットがあると考えています。

その場にいる人の名前を出して、話に巻き込んでいきましょう。それだけでも「ひとりで話している」という感覚が軽減するのではないでしょうか。

そして、もうひとつの手法は**全体を俯瞰《ふかん》する視点と、フォーカスする視点を交互に取り入れる**というものです。これは特にプレゼンで有効です。

全体の大枠を話しながら、途中で一部分に着目して説明し、また全体の枠組みについて話をする――。これを繰り返し話に盛り込みます。

俯瞰とフォーカスを繰り返すことでメリハリが生まれ、起伏のある話ができるでしょう。

表現

#68 落として上げて話にメリハリをつける

不安にさせると先が聞きたくなる

これはプレゼンやスピーチに限らず話術の基本になりますが、相手の気持ちを落としてから上げたり、不安にさせてから安心材料を提供したり、つまり**先が聞きたくなる話し方をする**ということが挙げられます。話にメリハリをつけるという点においては、175ページで紹介した俯瞰とフォーカスの手法と似ています。

この手法はテレビ番組の構成でも使われますが、フリがあってウケがある、というのは話術でも同様です。

「上げる」内容をいう前に一度落としたほうが、上げ幅が大きく見えます。不安にさせてから安心材料を提供したほうが、安心材料のありがたみが増します。また、この手法には「続きが気になる」と思わせる効果もあることから、聞き手をうまく引き込むことができるのです。

自分：このまま放っておけば、地球環境はより深刻になるでしょう。

聞き手：（え!? これから私たちはどうすればいいの?）

自分：そこで、この状況を打破するための新しい生活様式を提案します。

174ページの「淡々と喋る」ことの根本的な原因は、リズムやトーン、話の内容など「すべてが単調である」という点にあります。そのため、**俯瞰とフォーカス、落として上げる、などで話にメリハリをつけることが大切**です。話し上手な人の話にはメリハリがあります。

話す順番、プレゼンの順番を決めるときも、メリハリがつくかどうかを考えるとよいでしょう。

表現

#69 書き言葉と話し言葉を使い分ける

プレゼンは視覚と聴覚の両方に訴える

いちばん避けたいのは「配った資料を読み上げるだけのプレゼン」です。読み上げている話と書いてある内容がまったく同じならば、「家に帰ってから資料を読んでおいてください」と言えば済む話になってしまいます。

プレゼンは、「視覚から訴えること」と「聴覚から訴えること」の両方が可能な場面です。そのため、**目で見たほうが伝わる情報、耳で聞いたほうが伝わる情報を区別**して、より効果的なプレゼンを行うことが望ましいでしょう。たとえば重要なデータやグラフなどは資料で見るほうが確実だし、キャッチーな言葉は声に出して伝えるほうがより聞き手の印象に残ります。

資料の文言とは表現を変えて話す

プレゼンのメリットは**書き言葉と話し言葉を使い分けることで、より適切に情報を伝えることができる**という点にあると言えます。だから僕は「資料に書いてあることをただ読み上げるだけ」、つまりプレゼンの長所を生かしきれていないようなプレゼンは絶対にするべきではないと考えています。

「資料を読み上げるだけ」という状況を避けるために、話の内容は同じでも、言い回しや表現を変えるなど、何かひとつ取り組んでみてください。

自分：ポイントは資料に書いてある通り5つですが、なかでも重要なのが2番です。この2番について説明しましょう。

また、伝わりやすさという点では**専門用語をあまり使わないようにする**ことも大切です。誰が聞いてもわかりやすいプレゼンにするためには、その第一歩として「できるだけやさしい言葉に換えて話す（42ページ参照）」ことが必要になってくるのです。

表現

#70 身だしなみの工夫で自分の気分も相手の印象もアップ

お気に入りの服で気分を上げる

話し方や内容に加えて、「見た目」も重要なポイントです。**身だしなみや持ち物を少し工夫するだけで、自分自身の気分を上げたり、聞き手によい印象を与える**ことができます。

大事なプレゼンのときには、お気に入りの服や特別な小物を身につけ「戦闘服を着る」ことで、うまく気持ちを切り替えることができます。「ここぞ」というときに使うアイテムを決めておいて勝負のときに身につける——一種の験担ぎのようなものです。**お気に入りを使うだけで気持ちが前向きになり、身を引き締めてプレゼンに臨む**ことができます。

といっても、全身一張羅にする必要はありません。ワンポイントで取り入れるだけ、たとえばネクタイをお気に入りのものにするというのもよいでしょう。

そして、もしもそれでうまくいかなかったら「これはいまいちだったな」とネクタイのせいにしてしまうというのも、プレゼンでの失敗を引きずらないコツです。

「明るい顔」をつくって印象をよくする

相手の印象という観点でも、身だしなみを整えて、見た目を明るくすることは、「伝わる話し方」につながります。

清潔感があり笑顔の人と、顔色が悪く表情が見えづらい人とでは、どちらの話をより聞きたいと思うでしょうか。実際に想像して、考えてみてください。多くの人が前者を選ぶのではないかと思います。

視覚からの情報は、その人が受ける印象に大きな影響を与えます。**話す内容が同じでも、見た目の印象が明るいほど、聞く意欲を高め、効果的に伝えることができる**のです。

明るい印象を与えるためには笑顔や表情も大切ですが、肌や髪型などの容姿でも印象は大きく変わります。そこで僕が特におすすめしているのが**サラリーマン美容**です。

男性に「メイクをしましょう」と言うのは少しハードルが高いかもしれませんが、顔色や肌のトーンは顔の明るさに直結します。

僕のおすすめはＢＢクリームを塗ることです。ＢＢクリームとは美容クリームの一種ですが、ワントーン明るい色のクリームを塗るだけで、顔色がぐっとよくなります。

また、前髪が落とす影で顔全体が暗く見えてしまうため、前髪を上げておでこを半分以上出すというのも効果的です。僕の場合、とにかく**「顔全体が明るく見えるようにしよう」と意識していました**。そのため、髭《ひげ》の処理にも気を配っています。

最近ではオンラインでの交流が増え、会議の際に照明を使用する人もいます。このような小道具も、顔を明るく見せる有効な手段です。

自分の見た目を整えることは、自分の自信にもつながります。「今日は身だしなみが整っている」という意識があることで、どう見られているかという不安を減らし、自信のある表情で話すことができるでしょう。明るい見た目をつくることが明るい表情、明るい話し方につながり、好循環を生むことができるのです。

つまり、**話し方にこだわりをもつのであれば、同時に見た目にもこだわったほうがよい**というのが僕の考えです。せっかくいい話ができているのに、見た目の印象がよくないせいで話を聞いてもらえなかったら残念ですよね。見た目を工夫して明るい印象をつくりだすことで、相手の意欲を引き出す、より伝わる話し方ができるようになります。

表現

#71 相手を納得させるには相手の気持ちを知る

自分の話をするのではなく相手の話を聞く

プレゼンを行う場面では、どうしても「相手を納得させる」「相手を説得する」ことが必要になります。そうかと言って、自分の意見ばかりを言い募るのではなく、**まず相手の言い分を聞く**ことを心がけるとよいでしょう。

頭ごなしに否定したり、自分の意見を一方的に押しつけたりすれば、相手が心を閉ざしてしまって終わりです。**まずは相手に寄り添うことを最優先に、話に耳を傾けます**。そして会話を重ねていくうちに相手の心に入り込み、「なぜ納得できていないのか」を探るのです。

その点では、プレゼンの際は一方的に話さず、合間に「ここまででご不明の点はございいますか」などと聞くこともときに必要になります。

相手のシャットアウトを避けるのが最優先

商談において自社の商品をプレゼンするような場合は特に、相手の心を開かせるためにある程度の時間が必要です。だから、**「1回の対話で終わらせようとは思わない」ことが重要**です。特に固い意思をもっている相手を説得する必要がある場合、最初のうちは話を聞くだけ、それに寄り添う言葉をかけるだけでまったく問題ないと思います。まして焦る必要はありません。

このときに**最も避けるべきは相手にシャットアウトされてしまうこと、つまりそれ以上話を聞いてもらえない状況**です。こちらが一方的に話すだけの場合、このような失敗を招きやすいのです。

話し手に理があるとしても、反対に聞き手に理があるとしても、「これで納得してもらわないといけない」というときは、まず相手に心を開いてもらう必要があります。そのためにも、プレゼンと言えど、まずは相手の話を聞いてみましょう。

episode 20

「阿部さんだから」心を開いた犯人

僕は8年間『スッキリ』(日本テレビ系列)に出演していましたが、同番組のリポーター・阿部祐二さんは心に「入り込む」達人。僕もその技を目《ま》の当たりにしました。

阿部さんは百戦錬磨のリポーターで、数々の事件や事故を取材しています。取材した人のなかには凶悪事件の犯人も……そのような人たちから「阿部さんだから喋る」「阿部さんだけなら家に上がってもいい」という言葉が出ることが数多くありました。

あるとき「容疑者はどうして阿部さんにだけ心を開くんですか?」と阿部さんに聞いてみました。すると答えは、「ほかのリポーターと違うから」。阿部さん以外のリポーターは「こいつはきっと悪いことをしているだろう」「揚げ足をとってやろう」「攻撃してやろう」という態度でマイクを向けるそうです。しかし、阿部さんは最初に「あなたのお話を伺いに来ました。どのようなご意見をお持ちですか?」と話を始めます。

「容疑者の考え方に同意するのではなく、支離滅裂な意見であってもまずは耳を傾ける。そういう姿勢が大切だ」と阿部さんに言われて、とても勉強になりました。

表現

#72 滑舌をよくするためには頬のストレッチが不可欠

滑舌をよくするためのルーティーン

プレゼンやスピーチで滑舌よく喋れるようになるにはどうすればよいのでしょうか。そもそも、口を動かしているのは顔の筋肉です。ですから、重いものを持とうとしても筋力がなければ持てないように、**滑舌よく喋ろうと思ったら、顔の筋肉を鍛える**必要があるのです。

発声練習や滑舌練習をちゃんと行えば筋肉も発達していきますが、一朝一夕にはいかないので、最初はまず頬のストレッチから始めましょう。**筋トレの前段階のストレッチのような感覚で、頬を両手で揉《も》んだり、口を動かしたりするだけ**です。ストレッチで筋肉が鍛えられることはないですが、するとしないとでは運動量が大違いです。

たとえば朝の洗顔後、信号待ちをしているときなど、どこかひとつポイントを決めて、ルーティーンに入れてみてください。

episode 21

日テレ屈指のアナウンス力の持ち主

僕が思う日本テレビでいちばんニュースを読むのがうまいアナウンサーは、藤井貴彦さんです。藤井さんは一つひとつの単語がとても聞き取りやすいです。滑舌のよさだけでなく、トーンや、テンポの使い分けも抜群です。ひとつの文章のなかでチェンジオブペース（調子の変化）があったり、ワンセンテンスのなかの前半部分と後半部分で速さが変わったりとメリハリもあります。コロナ禍において、藤井さんは世の人の胸を打ついろいろな言葉を生み出しました。そのこともちろんすごいですが、それ以前の「用意された原稿を読む」という点も、藤井さんのアナウンサーとしての力は傑出しているのだということを、僕はたくさんの人に知ってもらいたいですね。

表現

#73 考えながら喋るときは1文15秒以内を意識する

長い文章は内容が伝わりにくい

流暢に喋るコツとして、1文1文を短くすることが挙げられます。なぜなら、**考えながら喋るときには文章が長くなってしまいがちだからです**。そして、長く喋っているとだんだん論点がずれていってしまうことがあります。そうなると結果として、最初に話そうとしていた内容からはだいぶ離れてしまうのです。

特に思い入れがあるときなどは、次から次へ言葉が出てきて、1文が長くなりがちです。これを避けるには、左記の例のように、1文を短く切ること。情報が伝わりやすくなりますし、自分でも話していて混乱しません。**一つひとつのセンテンスをなるべく短くして、それらを「つないでいく」イメージで話す**ことです。

自分：僕とAくんの出会いは大学時代です。実は彼とはゼミが同じだったのです。学業で困ったことがあれば助け合いました。毎週のようによく飲みにも行きました。就職してからはお互い離れ離れになり、少し寂しく感じたものです。しかし、今こうして友人代表のスピーチを任せていただいて光栄です。

ニュース原稿の文章も一つひとつが短くなっています。記者の人たちが書いてきたニュース原稿を「デスク」と呼ばれる人たちが添削する際、「1文が長くなってしまったときはできるだけ短くするために2つに分ける」という作業を行っています。これも「1文が長いと情報が伝わりにくい」という事実に基づいているのです。

日本テレビには原稿のフォーマットがありますが、ひとつの文がフォーマットの6行以上にわたるときは「長いな」と感じます。

もちろん話のテンポによって違ってきますが、**文字数は約100文字。これは読むときの体感で表すと15秒**です。

表現

#74 話に同意することで相手から言葉を引き出す

人は自分の話を聞いてもらうだけで嬉しくなる

話を聞く際には、どんどん相手の言葉を引き出す必要があります。そんなときに効果的なのが「同意」という方法です。

誰でも**乗せられるとますます話したくなり、反対に否定されると話したくなくなる**もの。どんな考えの人でも、「自分の話を聞いてくれる人がいる」というだけで嬉しいものです。相手の話を聞き出すには、まず「相手が気持ちよく話せる環境を提供する」ことが大切です。ここには相槌のテクニック（68ページ）も関わってきますから、こちらも併せてチェックしてみてください。

第二に「話を続ける」ことを考える

相手に気持ちよく話してもらうなかで、こちらの意見に否定的な言葉が向けられてしまうこともあるでしょう。そんなときでも、あくまで「同意」での対応が望ましいです。

その際にぜひ使ってほしいのが**「なるほど、そういう考えもありますね」という切り返し**です。

否定に否定で返すとそれは「反論」になり、水掛け論（お互いに自分の意見にこだわり話が進まないこと）に発展してしまうこともあり得ます。

そうならないためにもまず念頭に置くべきなのはとにかく「話を続ける」ということ。もしその場で決裂しても構わないような関係ならば否定してもよいと思いますが、そうでないのならある程度同意することも、妥協するという意味で大切です。

ただし、説得しないといけない場合には同意や否定以外の方法も検討してみましょう。男性は数値やデータを用いて論理的・合理的に話すと納得してくれることが多く、女性は感情に重きを置いたほうが好意的に耳を傾けてくれる印象があります。根拠があるというわけではないですが、僕の感覚として参考程度に記しておきます。

表現

#75 4つのポイントで抑揚をつける

読むように喋り、喋るように読む

178ページでも、資料を読み上げるだけのプレゼンはよくないと書きましたが、原稿をただ「読み上げている」だけのとき、聞き手にはすぐそのことが伝わってしまいます。

僕がアナウンサー時代によく指導されていたことで**「読んでいるときはまるで喋っているように、喋っているときはまるで読んでいるようにコメントする」**というものがありました。

読んでいるときは淀《よど》みなく話せるものの目線が下に、話し方は棒読みになりがちです。逆に喋っているときは抑揚をつける余裕がありますが、途中で詰まるなど、流暢さに欠けます。そこで、読んでいるときは喋っているように生き生きと、喋っているときは読んでいるように滑らかにというように、逆に見えるくらいを目指せば、よい話し方になるという教えです。

数字やデータの参照元など間違えてはいけない情報を伝える機会もあるため、一概に原稿を読むこと自体を否定するものではありません。ただし、「伝える」という点で、最後に視聴者に問いかける言葉などは、しっかりと顔を上げて話すようにします。

そしてそれとは逆に、喋っているときには「原稿があるんじゃないか」と思われるくらい流暢であることが、最終目標ではないでしょうか。

実践できるポイントから改善していこう

読むように喋る・喋るように読むためには、176ページで紹介したメリハリをつけて話す方法や、62ページで紹介した身振り手振りを取り入れるとよいでしょう。

電話で話す際も、身体を動かしながら話すことで抑揚をつけることができます。電話では表情など相手に見えないため、音声での情報がより重要になります。身振りをすると、相手にそれが見えなくても、声に抑揚をもたせることができるのです。

表現

#76 リズム・テンポ・トーン・ボリュームを意識する

即興で変わる話し方のポイント

話をするうえで重要な4つの要素は、**リズム・テンポ・トーン・ボリューム**です。これらを意識することで話にメリハリがつくようになります。これらをうまくコントロールできるようになると、話し方が格段にうまくなるでしょう。

4つのなかでいちばん改善しやすいのはボリュームです。学生さんにもよく言うことですが、声の大きさは自分のさじ加減で簡単に変えることができます。そしてとにかく**大きい声で話したほうが相手にも伝わり**ます。

たとえば就職活動をするとき、学生時代の実績自体はいくらあがいたところで変わることはありませんが、声のボリュームならばそのときの自分の気持ち次第で大きくも小さくもできます。そして声のボリュームひとつの違いで面接官の印象は大きく変わってくるのです。

ビジネスシーンでも、営業で「この商品は本当にすばらしいです！」と言うときに、声を大きくして言ったほうが確実に相手に気持ちが伝わります。大きな声で話すことは意識さえすれば取り組みやすいと思うので、ぜひチャレンジしてみてください。

カラオケは最高のトレーニング

リズム・テンポ・トーンも話にメリハリをつけるために重要ですが、これらはボリュームと違って実際に場数を踏まないとなかなか上達しません。ですが、**ボリュームは、誰でもその場でコントロールしやすい**ポイントです。そのため、まずはボリュームを意識することから始めるといいでしょう。

ではどのように練習すればよいかというと、おすすめはカラオケです。僕も社会人1年目のときは発声練習のためによくカラオケに行っていました。

カラオケで発声練習をすると、肺活量のトレーニングになります。また、**口の筋肉を動かすため、緊張がほぐれてよいストレッチ**にもなります。大事な面接の前などは、カラオケに入って1曲だけでも歌っておくと、リラックスしながらハキハキとした口調で受け答えができるため効果的です。

また、歌にはリズムがつきものです。カラオケで歌を歌うと、自然とリズムやテンポを自在にコントロールする力もつけられるため、話の練習や準備体操の場としてカラオケを利用することはとてもよい方法と言えます。

より気持ちを伝えたいときの話し方

話のトーンとボリュームは、身振り手振りを加えて話すことでコントロールしやすくなります。抑揚をつけたいところでは指揮者のように手を振り上げたり、反対に、トーンを落としたいところでは手で抑えながら話してみるといいでしょう。

プレゼンをするときや、スピーチしているときなど、身振り手振りをつけてもおかしくない状況では、指揮者のように手を動かしながら話してみると、抑揚をつけやすくなるのでおすすめです。

特に伝えたいと思う大事なところでは、トーンを高くして引きつけてから話したり、ボリュームを上げて熱意を伝えるようにしてください。

PART 6

どの相手にも緊張しない
会話の準備

準備

#77 肩や首をほぐし発声練習を行う

前もって身体をほぐしておく

大事な場面で話すことになったとき、緊張しないためにぜひ準備しておきたいことがあります。それは、**事前に大声を出しておく**ことです。駐車場や会社に向かう途中の高架下など、大声を出せる場所があったら大声を出して、喉の準備をしておいてください。時間に余裕があるなら、ひとりでカラオケに行くというのもおすすめです。

ただし、状況によっては大声が出せないこともあるでしょう。そんなときには186ページで紹介したように、顔の筋肉をほぐしてみましょう。

緊張すると肩や首が凝るため、肩をほぐすのもおすすめです。何度かぐるりと回すだけで、一気に緊張がほぐれます。

また、仕事終わりに居酒屋に入ったときなど、緊張からやっと解放されたときのことを想像してみてください。まずはネクタイを緩め、首元のボタンを外すのではないでしょうか。逆に考えると、**ネクタイをきつく締めるということは、それだけで緊張モードに切り替わってしまうということです**。可能であれば、本番のときもネクタイを心持ち緩めておくと、緊張を避けることができるでしょう。もちろん、聞き手が見てだらしなくない範囲で、です。

顔の筋肉をほぐす言葉

顔のストレッチは、手の平で頬を押し上げながら顔の筋肉をぎゅーっと伸ばすだけでも効果があります。**「あ・え・い・う・え・お・あ・お」という発声**も効果的です。

試しに口に出してみてください。口がいろいろな方向に動いたのではないでしょうか。縦や横、さまざまな形に開く動作なので、やるとやらないとでは筋肉のほぐれ方が大きく違ってくると思います。

僕も普段からこの発声を取り入れています。**発声と肩をほぐす作業は、話をする前の大切なルーティーン**です。

準備

#78 結果を予想して本番に臨む

成功（失敗）を想像してみる

次に、メンタル面で緊張を緩和する方法を紹介します。

これには2つのタイプがあり、どちらに当てはまるかは人によって異なります。ひとつが**成功体験をイメージすることで気持ちが楽になる**タイプ、もうひとつが**失敗したときのことを想定して自分の心に保険をかける**タイプです。

僕はどちらかというと前者で、「これが成功したらよいことが待っている」と思うことで、大事なイベントの前日でもよく眠ることができます。

反対に、僕の妻は後者の「失敗したらどうしよう」と考えてしまうタイプです。失敗したときのことをあらかじめ想像できているので、本番前に「失敗してもいいか」と余裕をもてると言います。

どちらにも共通しているのは、**前もって結果を考えておくことで緊張を和らげることができる**という点です。成功した場合を想定するか失敗した場合を想定するかは人それぞれですが、予想もなしにいきなり本番に臨むより、心理的にワンクッション置くことで緊張を軽減できます。

関係のないことを考えてリラックス

168ページで「自分を客観視する」というコツを伝えましたが、ここから派生したもので、**本番前にあえて関係のないことを考える**という手法もあります。

舞台に上がって周りを見渡したときに、一緒に話す人のネクタイの色を確認したりするというものです。自分ではない周囲のこと、これからする話とは関係のないことを考えてみるとよいでしょう。

また、緊張すると呼吸が浅くなりがちです。意識的に息を吸って、吐いて、大きく深呼吸をしてみてください。肩や首をほぐす動作と一緒に深く呼吸をすることで、緊張をより遠ざけることができるでしょう。

準備

#79 緊張する理由を知って自分をコントロールする

多少の沈黙は気にしない

ここまで度々緊張の話をしてきましたが、「うまく話せないかも」という不安の最大の敵である緊張について、ここでまとめておきましょう。

よく「沈黙の時間が怖い」という人がいますが、**沈黙を恐れてしまうと、かえって緊張してしまいます**。たとえば家族との会話において、いっさいの沈黙もなく延々と話をしていることなど稀《まれ》でしょう。会話において沈黙は、少々あっても構わないのです。

ではなぜ、家族での会話の沈黙は問題なくて、ほかの人との会話の沈黙を苦痛に感じるか。そして、その沈黙をなぜ長く感じるのか。

時間の感覚は相対的なものです。友人、同僚、上司、部下との会話で沈黙が起生じた際

緊張しないための方法

● 会話の前にできること

- カラオケなどで事前に大声を出す（195ページ、198ページ参照）
- 肩や首をほぐす（198ページ参照）
- ネクタイをだらしなくならない程度に緩める（199ページ参照）
- 成功のイメージなど、あらかじめ結果を考える（200ページ参照）
- 意識的に呼吸をする（201ページ参照）

● 会話中にできること

- 緊張していることを素直に伝える（162ページ参照）
- 相手の人間らしい一面を探す（134ページ参照）
- 「緊張している自分」を俯瞰する（168ページ参照）
- 過度に「失敗したくない」「好かれたい」と思わない（202ページ参照）

に「会話がおもしろくないと思われているのではないか」「何か指摘されるかも」「この書類ではダメだったのか」など、不安や気まずさを感じると長く思えるのです。そして、緊張が増していく結果に――。**実際には、大して時間は経っていない**ものです。

ですので、沈黙を恐れることに対して回答するとすれば、「少々沈黙があっても気にしないこと」となりますが、それでも沈黙が怖いとすれば、その理由をあらためて考えてみましょう。指摘されることへの恐怖、すなわち成果物への自信のなさだと思い至れば、成果物に対する説明をしっかりシミュレーションして、上司との会話に臨むなどするとよいと思います。一方で、質問にすぐ答えられずに沈黙になってしまうことが怖いのであれば、沈黙を恐れるあまり慌てて答えようとせずに、「ちょっと考えさせてください」と言えば問題ありません。人は沈黙ではなく、理由がわからない状態が嫌なのです。

話の内容はみんな忘れるもの

話していると、緊張のあまり「テンポよく話ができない」「呂律《ろれつ》が回らない」と、自分のダメなところばかり目についてしまうこともあると思います。

それは気合を入れて取り組んでいる仕事で評価されたい、婚約者の親へのあいさつで気に入られたい、などの理由で緊張するわけです。つまり、どうでもいいことであれば緊張しません。人生の大事な局面にあるのだと考えて、だから緊張しているのだと知れば、気持ちも少し楽になるでしょう。

こうした自己分析を続けていくと「自分はどういう場面で緊張するのか」という傾向を掴みやすくなり、次第に自分で緊張をコントロールできるようになります。

episode 22

緊張のコントロールを加藤浩次さんから学ぶ

僕自身が緊張をコントロールできるようになったのは、加藤浩次さんにアドバイスを受けたことがきっかけです。「緊張するのは失敗したくない、相手からよく思われたいという気持ちの表れだ」と教わり、それ以来、自分がどうして緊張しているのか客観視できるようになりました。

加藤浩次さんから言われて忘れられないもうひとつの言葉は、「自分がおいしくなることではなく、共演者がおいしくなることを常に考えなさい」です。僕が若いころ『スッキリ』でご一緒しているときに、番組に出演するアナウンサーにとって最も大切なこととして、口を酸っぱくして言われてきました。当時の僕は自分が目立つような発言や周囲の印象に残るようなコメントをしたいと思いがちだったのですが、そうではなく一緒にいる人が輝くことがいちばんなんだと教えていただきました。これは今でも、僕がアナウンサーとして仕事をするときの大切な指針としています。

準備

#80 反省メモを書けば次回は冷静に対処できる

自分を客観視するためにメモを繰り返す

自分を客観視するためには場数を踏むことがいちばんですが、ただ経験の数を増やせばよいというものでもありません。**大事な会話の後は、その都度反省や感想、そのときどういう気持ちであったか、どういう状況だったかをメモする**とよいでしょう。

このメモを繰り返し書くことで、徐々に自分を客観視できるようになります。すると余裕が生まれるので、プレゼンや司会の場に立っても「以前もこういう状況があったな」と思えるようになり、緊張もしなくなります。

加えて、自分の状態を顧みることもできるため、**メモなしで場数を踏むよりも話し方の上達スピードが上がります**。「喉が渇いた」「資料に書いていたメモが走り書きで読めなかった」など**些細《ささい》なことでもよいので、とにかくメモを残す習慣をつけましょう。**

僕が書いていたメモの例を挙げてみましょう。「大事なことを言う前に早口になってしまった」「相手の顔を見ようと思ったものの、照明がきつくて見えなかった」「質問1が盛り上がった一方で、質問2は盛り上がらなかった」など。自分を客観視することに加え、話の内容のスキルアップを目的としたメモです。

episode 23

メモは必ず1行以内に収める

反省メモを残すときは、必ず1行以内に収めるようにしています。そのため、僕のノートには短い文がたくさん並んでいます。これは、文章を簡潔にすることで、後で読み返したときにすぐわかるためです。ひとつの文章を何行も何文も書かず、要点を区切って箇条書きにするイメージでメモをとっています。長い文章は難解になりがちです。誰かに見せるわけではないので、自分がわかれば十分です。

準備

#81 普段のインプット量が話のネタにつながる

もっている情報量が多い人は話がうまい

話がうまい人、おもしろい人に共通しているのが、「常に情報を浴びている」ということ。これは僕が間近で見ていた加藤浩次さんがそうでした。加藤さんは、どんなときでも大量のインプットを行っています。

また、僕は以前、元大阪府知事の橋下徹《はしもととおる》さんと共演したことがあるのですが、橋下さんも大量の情報を浴びている人でした。あるとき、メイク中の橋下さんとお会いしたのですが、彼はメイクをしている間もずっと新聞を読んでいました。身についている習慣のなかで、**準備の時間を無駄にせず、欠かさず情報を取り入れている**姿に衝撃を受けたのを覚えています。

とにかくたくさん情報をもっていて、それを頭のなかの引き出しにしまっている。そして、それを状況に応じて取り出す。このインプットとアウトプットの繰り返しこそが、的確かつテンポのよいコメントを生み出しているのだなと感じます。

経験談に勝る話のネタはない

大量の情報を浴びると同様に、多くの経験を重ねることも大切だと思います。

話のネタとして経験談に勝るものはありません。自分が体験したことですからオリジナリティがあるし、何より話しやすい。最初はうまく話せなくても、何度も話していれば上手に話せるようになります。

話し方が上手になりたいと思うなら、いろいろな経験をするといいでしょう。たとえばバックパックひとつで一人旅に出れば、何らかのエピソードが必ず生まれます。そこまでせずともペットを飼ってみたり、毎日朝散歩をするでもいいでしょう。テレビに出演している人は基本的に何かしらの専門家が多い。それは自分のフィールドや経験を語れるからです。話し上手である前に経験があるから流暢に喋れるわけですね。いろいろな経験をすることは、話し方が上手になるためのスタートラインのひとつだと僕は思います。

準備

#82 名言ノートに言葉を記しアドバイスに活用する

先人の言葉を書き記して学ぶ

僕は**心に響いた言葉は「名言ノート」に書き記して、残すようにしています**。名言ノートにある言葉は自分で読み返すだけでなく、悩んでいる人にアドバイスをするときにもよく引用させてもらっています。

よく使う言葉は、経営コンサルタント・神田昌典《まさのり》さんの**「本当に熱中できる仕事にリスクはない」**。後輩に仕事のことを相談されたとき、給料があまりよくなくても熱中できるならいいんじゃないかと伝えるときに使っています。

失敗して落ち込む後輩には大阪大学の総長であった哲学者の鷲《わし》田《だ》清一《きよかず》さんが言われた**「自分がわかっていないことをわかることがいちばん賢い」**という言葉を授けました。

ネットで叩《たた》かれて悩んでいる後輩にはビートたけしさんの言葉**「人間、自分が圧倒的に優位な立場にいるときに相手にどう振る舞うかで品性がわかる」**。それと同時に、ある程度の批判はしかたがないという意味で藤子・F・不二雄さんの**「公表された作品は、見る人全員が自由に批評する権利をもつ。それが嫌なら誰にも見せなければいい」**。

そして、作家・伊集院静さんの**「角が立たない主張などない」**。何かを主張するのだったら、角が立つのはしょうがない。その覚悟をもって主張するべきだ、ということですね。

自分の心に残る言葉

なかでも僕が好きな言葉が、天台宗の宗祖・最澄の**「一隅を照らす」**。その場その場でもてる力を発揮して世の中をよくすることで、社会全体が明るく照らされるという意味です。これは、自分がやっている仕事は本当に意味があるのかな、と悩んでいる人に伝えます。過去に西郷隆盛や安岡正篤《まさひろ》、政治家で言うと元防衛大臣の小野寺五典《いつのり》さんも好んで使っていた言葉です。

また、話し方に関連した言葉では、落語家・柳家さん喬《きょう》さんの**「噺家《はなしか》に上手も下手もなかりけり　行く先々の水に合わねば」**というものがあります。噺家同士でうまい下手と言い合っても意味はなく、お客さんの求める噺をしなければいけないというものです。これは人にアドバイスするときに使う言葉ではなく、自分自身が感銘を受けた言葉として記しています。

この言葉をまさに体現しているのが、小泉進次郎さんだと思います。彼は自分の選挙区では圧勝するため、選挙になると各地の応援に駆り出されます。そしていろいろなところに行って、聴衆を集めて盛り上げますが、その特徴は「絶対に地元ネタを話す」ことです。

昨夜食べた地のものがおいしかった、地元の○○さんに□□と聞いたなど、必ずその土地に関する話題を盛り込みます。市民からすると、地元ネタを話してもらえると親近感が湧いて嬉しくなりますよね。また、これは174ページでお伝えした「聴衆の名前を出す」というテクニックにも通じます。地元の話をされることで聴衆は引き込まれるので、これを自然と使いこなしている小泉進次郎さんは話し上手だと感じます。

ほかにも、僕の名言ノートにはたくさんの言葉が並んでいます。すべてを紹介することはできませんが、一部を左に挙げておきます。

「名言ノート」に記された言葉の数々

僕が「名言ノート」に記した言葉を紹介します。僕自身の心に響いたという言葉を書き記しています。

●仕事に関して決断できずに迷っている人に向けて

恥ずかしいのは決断できず何も行動しないまま終わること

成毛眞（元マイクロソフト日本法人社長）

●事前準備で勝負は決まるということを伝えるために

勝負は刀の鞘の内

高原豪久（ユニ・チャーム社長）

●大きな葛藤を抱えている人に向けて

人間は矛盾している。矛盾しているからおもしろい

堂本光一（KinKi Kids、アイドル・歌手）

●悩みを抱えている人に向けて

人はそれぞれ事情を抱え、平然と生きている

伊集院静（作家）

●他人と比べて凹んでいる人に向けて

人の時計は覗くな

浅利慶太（演出家・「劇団四季」創立メンバー）

●下積み中の人に向けて

知識や経験は誰にも奪われることのないいちばんの財産

GACKT（歌手）

●伸び悩んでいる人に向けて

生きる力とは成長を続ける力ではなく、失敗や困難を乗り越える力だと僕は思う

松井秀喜（元プロ野球選手）

※著者が記した文言をもとに掲載しています。実際に書籍などで掲載されている文言、発言とは部分的に異なる場合があります。

準備

#83 「あるある」は話を盛り上げる最高のネタ

みんなが笑える「あるある」の力

お笑いのひとつのジャンルとなっている「あるある」ネタ。普段の生活で多くの人が経験したり、思い当たることを取り上げることで笑いを誘う手法です。この手法のポイントは「共感」にあります。

ここまで**話が盛り上がる条件は、前提条件が揃っていて共感できる内容であること**だと度々お伝えしてきました。この条件を端的に満たしているのが、この**「あるある」**です。日常生活で自分が「これってこうなんじゃない？」と思ったことを、「そうそう、こうだよね」と相手に共感してもらえると、話が盛り上がりますよね。「あるある」ネタは相手が反応しやすいというのも大きな利点のひとつです。話のなかで笑うタイミングがズレることも少ないですから、その場の一体感も出やすいと言えます。

話すまでの過程も楽しい「あるある」

この「あるある」ネタに求められるのは、高度な掛け合いや誰も思いつかないようなユニークな発想ではなく、日常生活の隙間を見つける視点です。また、**みんなが共感できることが条件ですから、特別な経験をしている必要はなく、取り入れやすい**とも言えるでしょう。日頃ふと思うのだけど誰も口に出して言わない、そんな「あるある」ネタを見つけてみましょう。

また、**「あるある」は、年齢や立場、性別といった前提条件の違う人に対しても、ひとつでも共通点があれば共感することができる**ため、いろいろな場所で使えるテクニックであり、ベーシックな笑いにつながるキーワードと言えます。

一方で、同じ職業同士でしかわからないような「あるある」は、笑いとともに共感してもらえ、距離を近づけるのに役立ちます。

普段からアンテナを張って、「あるある」を見つけて蓄積していくのはとても楽しい作業です。話のネタを見つけなきゃと思っている人にぜひおすすめしたいですね。

準備

#84 Twitterを使って情報の整理術を磨く

簡潔にまとめる力を培う

誰かに何かを伝える練習の場として、僕はTwitterを活用しています。ツイートの内容は「あるある」が中心です。

Twitterには、ひとつのツイートにつき140字までという字数制限があります。限られた字数のなかでも、起承転結を意識することで**状況を短くまとめる力を養うことができる**のです。だから、Twitterでしたことのある話はネタとして簡潔にまとまっています。そのため、聞き手側もストレスなく聞くことができます。

話の組み立てが苦手だという人は、まずはTwitterでその練習をしてみましょう。誰かに見られているということはあまり意識せずに、自分の話、考えをまとめる訓練だと思ってやってみてください。
また、他のユーザーから届くリプライを読んで「そういう捉え方もあるのか」と勉強になることもあります。新しい知識を得ることができたり、他の人の上手な文章から学ぶことがあったりと、発見がたくさんあって楽しいものです。自分自身だけが見るノートに書いて訓練するという考え方もあると思いますが、Ｔｗｉｔｔｅｒの「誰かが見ている」というある種の緊張感のなかで行ったほうがよいトレーニングになるでしょう。

episode 24

書く力が話す力につながる

鑑賞した映画や本の感想をツイートするように心がけています。感想も「１４０字にまとめる」という作業を経ることで、話を整理して、わかりやすく人に話すための準備ができます。一度ツイートした内容は記憶に残りやすいため、日々の会話のなかでも話題に出しやすいです。また、制限を有効活用することで、「まとめ力」を養えます。

準備

#85 何度も人に話すことでトークをブラッシュアップ

最初はおもしろくなくてもいい

ＳＮＳで発信したり、実際に人に話したりすることで、話はどんどん練られていきます。

見つけた話をおもしろくするためには「何度も話す」ことが効果的です。

一度目はおもしろくなかったトークでも、いろいろな人に話すことでブラッシュアップすることができます。また、人から反応をもらうことで、自分で考えているだけでは得られない発見が得られます。芸人さんがもっているいわゆる「鉄板ネタ」も、幾度となく話されてきたものです。何度でも聞きたい、オチがわかっていてもおもしろい。これはまさにブラッシュアップの賜物《たまもの》と言えるでしょう。

いきなり人に話すのは緊張してしまうと感じる人は、ＳＮＳをやってみるといいでしょう。自分の文章を練る時間もつくれますし、対面よりも自分の気持ちを伝えやすいです。

episode 25

スマホを落としただけなのに……

先日、仰向けに寝た状態でスマートフォンを見ていたときに、手が滑って顔に落下させてしまいました。痛さと情けなさを感じながら、僕はこれをツイートしました。
「仰向けに寝転んでスマホを顔の上でいじっていたら、ツルっと滑って顔にスマホが落下した。めちゃくちゃ痛いしなんだか情けなくもある。一昔前は考えられないような家庭内の事故だな…。いや、待てよ。こんな感じで本が落下してきた人はこれまでもいるかもしれないな。とにかく気をつけよう。」（ツイートより引用）
するると、歯科医の方から反応がありました。僕と同じような経緯で歯が折れて、治療に来る人も珍しくないのだそう。その人は最後に「まさに『スマホを落としただけなのに』」と締めくくっていて思わず笑ってしまうと同時に、うまいなと勉強になりました。

準備

#86 話がおもしろい人の特徴①「自分を落とす」のがうまい

おもしろい人に共通する「たとえ力」と「自虐力」

おもしろい話をするうえで欠かせないのが、**たとえ力**（44ページ参照）と**自虐力**です。

指原《さしはら》莉乃《りの》さんや桝アナウンサーはこの力に長けていて、人を傷つけない笑いが上手な人だと思います。

たとえ力は、**「○○みたい」**という一言に詰める力です。この言葉は、**話のなかにひとつ出てくるだけで内容に立体感が出て、おもしろさが格段に上がるキーワード**で、指原莉乃さんのトークではよく使われています。

自虐力は「自分を落として笑いをとる」力で、これはおもしろいだけでなく好感を得ることにもつながります。この自虐力に長けている人として、桝アナウンサーも挙げられるでしょう。

人をけなして笑いをとるよりも、自分をうまく落として笑いをとる人のほうが、話のスキルがあると言えます。

ただし、自虐も度がすぎると痛々しくなり、笑えなくなってしまうため、過度な卑下は避けましょう。バランスを考えて取り入れることが大切です。

毒舌は技術があってこそ成立する

反対に、**他人を毒舌でバサバサ切っていくというスタイルは、絶対に避けてください**。かっこよくて小気味よくて、憧れる気持ちもわかりますが、それはその裏に深い愛や信頼関係が構築されているからこそ成立する笑いです。

毒舌で人気のマツコ・デラックスさんも、その裏に愛があるからこそおもしろいのです。お笑い芸人さん同士のいじり合いも、非常に高度な認め合いから生まれているもので、信頼や認め合いがないまま人をけなすと、ただ相手を傷つけるだけで終わってしまいます。

準備

#87 話がおもしろい人の特徴②嘘にならないよう**話を盛る**

人によって解釈が異なる点で盛る

もうひとつ、おもしろい人の特徴を挙げましょう。それは、**誰も傷つけない範囲、嘘にならない程度に話を盛ることができる**というものです。

「蜂を見たら『蜂に襲われた』と言いなさい。本当に蜂に襲われたら『蜂の大群に襲われた』と言いなさい。もしも本当に蜂の大群に襲われたら、『熊が出た』と言いなさい」。これは僕が以前、放送作家さんから教わった言葉です。

その人曰く、話を大きくすることでトークをおもしろくしなさいということでした。「大群」の定義は人それぞれの解釈によるため、嘘にはなりません。このように、人によって捉え方が変わる部分は、多少色をつけて話してみましょう。

ただ、**話を盛るのは嘘と紙一重、人をけなすのはいじめと紙一重**です。僕は嘘との線引きがどうしても苦手で、盛り方が不自然になってしまいうまくいきません。

この「紙一重」の使い分けがうまいのは、やはり芸人さんではないでしょうか。

いろいろなかたちの話し上手がいる

僕たちアナウンサーは「決められた台本に沿って話をする・番組を進行する」ことが仕事です。僕もある程度の時間管理・準備をしたうえで本番に臨んでいますが、逆に言えば、そのスタイルでの仕事が中心となります。

一方で芸人さんは、もちろん人にもよりますが、あまり準備はせずにテレビのスタジオに入り、バンバンと笑いをとってそのまま帰っていく（ように見える）という仕事をしています。トークでお金をもらっているという点においては一緒でも、その準備の仕方は全然違います。ですから、僕からするとてもかっこいい存在なのです。みなさんも、話の盛り方について芸人さんの会話から学んでみてください。

僕もまだまだ未熟な部分がありますが、これからも「話す」ことで最前線に立ち続け、スキルを磨いていきたいと思っています。

■著者プロフィール
青木源太（あおき・げんた）
1983年生まれ、愛知県岡崎市出身。慶應義塾大学卒業後、2006年にアナウンサーとして日本テレビへ入社。情報・バラエティ番組への出演を中心に、スポーツ中継の実況も担当。2015年10月5日より『PON!』にレギュラー出演。番組終了後の2018年10月1日から『バゲット』の初代MCを担当。2020年9月30日付で日本テレビを退社。翌10月1日からレプロエンタテインメントに所属し、フリーアナウンサーとして活動中。
Twitterアカウント　@Aoki_Genta
Instagramアカウント　@aoki.genta

口ベタな人ほどうまくいく　たった１日で会話が弾む！
話し方のコツ大全

2021年８月24日　第１刷発行

著　者　青木源太
発行人　蓮見清一
発行所　株式会社宝島社
〒102-8388
東京都千代田区一番町25番地
電話　営業：03-3234-4621
　　　編集：03-3239-0926
https://tkj.jp
印刷・製本　サンケイ総合印刷株式会社

ISBN 978-4-299-01941-7